FRANCISCO FAUS

AUTODOMÍNIO
Elogio da temperança

3ª edição

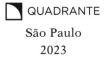

São Paulo
2023

Copyright © 2004 Quadrante Editora

Capa
Provazi Design

Dados Internacionais de Catalogação na Publicação (CIP)

Faus, Francisco
  Autodomínio. Elogio da temperança / Francisco Faus — 3ª ed. — São Paulo : Quadrante, 2023.

  ISBN (Virtudes): 978-85-7465-802-5
  ISBN (Francisco Faus): 978-85-7465-496-6

  1. Autodomínio 2. Conduta de vida 3. Temperança 4. Vida cristã 5. Virtudes I. Título

CDD-241.68

Índice para catálogo sistemático:
1. Temperança : Autodomínio : Cristianismo 241.68

Todos os direitos reservados a
QUADRANTE EDITORA
Rua Bernardo da Veiga, 47 - Tel.: 3873-2270
CEP 01252-020 - São Paulo - SP
www.quadrante.com.br / atendimento@quadrante.com.br

SUMÁRIO

Primeira parte
RESTAURANTE VIRTUAL........................ 5

REFLEXÕES SOBRE AS CINCO
MESAS.. 17

Segunda parte
REFLEXÃO SOBRE A TEMPERANÇA.... 45

A RAZÃO E AS SUAS TRÊS FACES......... 51

A VONTADE E AS SUAS
TRIBULAÇÕES... 69

AS FORÇAS DA VONTADE...................... 83

Primeira parte

RESTAURANTE VIRTUAL

Vamos começar estas páginas observando a gula ao vivo. Para isso, entraremos juntos — eu e um leitor meu amigo (pode ser você, que agora me lê) — num restaurante imaginário, que vamos chamar de «Restaurante Virtual», e nos aproximaremos de cinco mesas, todas elas ocupadas e com os seus comensais em plena atividade gastronômica.

Primeiro, caminhando nos bicos dos pés e sem atrapalhar, iremos olhá-los de perto, mesa por mesa, simplesmente observando-os. Caso você, leitor, se identifique com alguns deles, não fale ainda, não grite — «olha eu aí!» —, espere. Calma! Porque depois precisaremos fazer uma boa reflexão sobre os ocupantes de cada mesa e, a partir daí, procuraremos esclarecer o que é a gula (o defeito da gula) e veremos em que se distingue do simples prazer de comer e beber; iremos avante, e contemplaremos a beleza e a riqueza da virtude da temperança, que, além de moderar a gula, abrange outros temas importantes, como os relativos à castidade, e ainda questões tão atuais como o problema do consumismo. Secundariamente, também costumam incluir-se dentro da temperança virtudes como a mansidão, a modéstia, a clemência, a humildade, etc., mas desta vez prescindiremos de analisá-las — aviso desde o começo! para não alongar indefinidamente estas páginas.

Partindo da gula, pois, uma reflexão irá levando a outra e, pela escada da lógica e das analogias, iremos avançando, degrau a degrau, pelos campos mais característicos da virtude da temperança, até chegarmos às conclusões do livro.

Desde já, porém, desejo esclarecer que — na parte referente à gula, tema inicial destas páginas — não pretendo falar com nenhuma precisão técnica nem de gastronomia, nem de dietas, nem de regimes de emagrecimento, nem de medicina, nem de psiquiatria — a não ser muito de passagem —, mas dos defeitos e das virtudes que vicejam no terreno da gula e nos campos adjacentes a ela. Dito isto, encerremos os preâmbulos e entremos em matéria, ou melhor, entremos no Restaurante Virtual.

Primeira mesa

Por mais virtual que seja, esse Restaurante serve pratos próprios de gente. Quer dizer que aí não encontraremos os petiscos que saboreiam os pequenos bruxos das histórias de Harry Potter na cidadezinha de Hogs-meade — próxima da escola de Hogwards —, como, por exemplo, lesmas gelatinosas, sapos de creme de menta, bombons explosivos e cerveja amanteigada. Não. Nada disso. Só veremos pratos de pessoas normais (mais ou menos normais), dessas que os pequenos bruxos chamam de *trouxas*..., e que somos nós!

Vamos, pois, à primeira mesa, perto da entrada. À volta dela estão sentados um casal com seus três filhos — um garoto e duas meninas — que parecem, todos eles, saídos de um quadro do colombiano Botero (cito-o para os que gostam de pintura). Quero dizer que é uma família de gordos antológicos, de superobesos. Lá na casa deles, quando alguém desce abaixo dos cem quilos, há uma grande apreensão e lágrimas, porque todos julgam que ficou muito doente: «Está emagrecendo, coitado, está tão pálido!»

Com grande fruição, os cinco vão engolindo quantidades de massas variadas — verdadeiras pirâmides a escorrer manteiga na travessa e nos pratos —, seguidas de costeletas de porco tamanho-família com enormes penduricalhos de gordura, e tudo acompanhado por uma montanha de batatas fritas, por uns quilos de torresminhos para o tira-gosto; e, como sobremesa, quindim individual de oito centímetros de largura por quatro de altura. E tudo isso, naturalmente, regado a refrigerantes sucessivos (não *lights*, porque perdem gosto). Não acredita? Tanto faz. O restaurante é virtual.

Enfim, já os observamos. Não comentemos nada ainda — lembre-se de que combinamos assim —, mas guardemos a cena na memória, e passemos para a segunda mesa.

Segunda mesa

Nesta mesa só há duas pessoas. Um garoto de doze anos, que não para de espernear e de gritar, com a cara congestionada por uma ira feroz: — Não quero! Não quero alface! Não quero verduras! Não quero ovo! Não quero bife! Não quero peixe! Vô, já falei um milhão de vezes!... Não gosto! Não vou comer! Não quero!...

O avô do moleque malcriado é um senhor de ar triste e olhos condescendentes. Como era de esperar, acaba cedendo aos caprichos do tiranete enfezado e pede ao garçom iogurte com frutas cristalizadas, Coca-Cola, sorvete à vontade e um bom pedaço de *floresta negra*... O malcriado atira-se às guloseimas sem olhar para ninguém. O avô contempla-o, fascinado. Depois lambe os beiços. Por fim, pede ao garçom uma boa fatia de *floresta negra*, acrescentando, como quem quer abafar um remorso: — Sou diabético, mas, você sabe, uma exceção de vez em quando não faz mal...

Já sei que você, leitor que me acompanha, está com vontade de dizer umas tantas ao miniditador guloso, mas lembro que, por enquanto, vamos só ver e calar. Portanto, silêncio e passemos para a mesa seguinte.

Terceira mesa

Na terceira mesa há dois casais. Um dos maridos diz à mulher do outro: — Como você está magra!, e ela se estufa e sorri, lisonjeada. A verdade é que nós, os observadores imparciais, não entendemos muito esse elogio à «magreza» (na realidade, ela é rechonchuda), especialmente depois de comprovar que essas quatro pessoas só falam de comida o tempo inteiro. As duas mulheres usam roupas caríssimas, com o ar displicente de quem acaba de sair de casa com os trapos mais simples. Mas o nariz empinado e o tom emproado da voz denunciam vaidades gigantescas.

Você, leitor que me acompanha, entende metade do que eles estão dizendo? Eu não. Só sei que se referem sem parar a iguarias caríssimas, com uma enxurrada de nomes franceses, algum nome italiano e alemão e outros espanhóis. Pareceu-me entender, por exemplo, que falavam de que na ilha de Itaparica, na Bahia, preparavam num certo bistrô uma *paella* incrível, com açafrão *de verdade* (daquele que sai só um grama de cada 200 flores) e com línguas de.... Não entendi. Será que falavam de línguas de rouxinol ou de pintassilgo, como aquelas que comiam os imperadores romanos? Não, não pode ser. Temos o Ibama... Mas que só tagarelavam de pratos e vinhos caríssimos, de centenas de dólares como se fossem centavos, disso sim estou certo; e de que falavam também de planos mirabolantes para ir todos os fins de semana a lugares remotos (só acessíveis de helicóptero ou avião particular) para comer delícias indescritíveis e absolutamente fora do alcance do povo comum, disso também estou certo...

Reprimimos uma expressão de mal-estar e até de nojo, e vamos direto para a quarta mesa.

Quarta mesa

O panorama agora é completamente diferente. Vestido de preto, um homem jovem, magérrimo e soturno, de pele cinzenta e com o ar de ter escapado de um filme da família Adams, coloca garfo e faca cruzados sobre um prato vazio, como uma barreira intransponível contra qualquer tentativa de despejar lá um grama de comida.

Do outro lado da mesa, defronte a ele, há uma moça esquelética e pálida como a cera. Olheiras profundas emolduram os seus olhos afundados e tristes. Estendemos as mãos, com gesto protetor, quando parece que vai desmaiar. Porém, não desmaia, mas, dirigindo-se ao seu namorado frankensteiniano, diz-lhe:

— O meu problema é que já não consigo comer, e eu bem que quereria. Eu não odeio a comida como você. Foi o regime de emagrecimento que me neurotizou. Fiquei com psicose de emagrecimento. Vejo um amendoim (e olha que eu gosto de paçoca e pé de moleque), e já entro em pânico, achando que a gordura vai voltar, que vou ter que alargar calças e saias... O médico diz que tenho uma doença moderna, uma espécie de transtorno obsessivo-compulsivo, a anorexia. Mas, antiga ou moderna, a realidade é que eu só penso em não engordar; não detesto comida, só que não consigo comer, ao passo que você...

— Eu descobri a verdadeira filosofia — declara o fantasma.

— Sei que estou meio maluca, mas você ficou louco total! Puxa! Primeiro veio com a história da macrobiótica, depois virou vegetariano, depois frutariano, e agora, seguindo esse seu guru esquisito, «libertariano» ou como se diga... É demais!

— Esta é a verdadeira filosofia, que tem mais de cinco mil anos, e agora foi restaurada por esse hindu «libertarianista». A matéria só prejudica o espírito, isso já o diziam há milhares de anos muitos filósofos gregos, indianos e persas. A matéria é má, é perversa, esmaga o espírito, já cansei de te falar isso. Só comemos porque somos escravos impuros da matéria impura. Quando nos tivermos libertado da matéria — e é isso que ensina o meu sábio hindu —, não precisaremos mais de comer... Viveremos só do pensamento! Só a filosofia nos sustentará!

— Viu que brilho de doido tem nos olhos? — diz-me o leitor, ao ouvido, enquanto faz girar o dedo sobre a têmpora —. Vamos embora, que estou com medo.

Quinta mesa

E assim, o mais rápido possível, chegamos à quinta e última mesa. Que alívio, meu Deus! Nela está uma família numerosa e alegre, festejando a entrada do segundo filho na Faculdade Federal de Medicina (boa faculdade, de grande categoria..., e gratuita).

Que estão comendo? Na realidade, mais estão falando, rindo felizes e olhando-se do que comendo. Mas não falta a salada com maionese, a picanha com fritas e o espetinho à escolha, uma boa torta de limão para terminar e, naturalmente, o tempo todo, cerveja e refrigerantes.

Comem todos, mas cada bocado é como uma ação de graças e um sorriso. E cada prato, cada garfo, cada garrafa, parecem trazer escrito em letras de ouro: «Parabéns, futuro doutor!»...

Num dado momento, a mãe pede a uma das filhas que coma um pouquinho mais. «Não, mãe», diz ela, «quero estar leve para aproveitar este fim do domingo estudando, que amanhã tenho prova». E quando o festejado agarra uma garrafa de cerveja e oferece despejá-la no copo do outro irmão, este sorri simpaticamente e diz: «Não, não, obrigado. Já bebi dois copos, assim está bom».

O leitor e eu nos entreolhamos, e percebemos que também estamos a sorrir. Instintivamente quereríamos pegar numa garrafa de cerveja e acompanhá-los, mas o braço se agita no vazio... Tínhamos esquecido que estamos num restaurante virtual.

Muito bem. Acabou-se a turnê. Agora temos que meditar sobre o que vimos. Da observação, passemos à reflexão.

REFLEXÕES SOBRE AS CINCO MESAS

— Você, leitor, que me acompanhou na visita ao restaurante, o que observou?

— Parece-me óbvio que, afora os da quinta mesa — a família do estudante —, todos os outros comensais têm um comportamento absurdo, irracional.

— Concordo. Dá para perceber à primeira vista. Mas mesmo aquelas coisas que parecem mais evidentes, quando refletimos calmamente sobre elas, fornecem-nos luzes novas muito interessantes. Vamos tentar fazer isso. Você falou, muito acertadamente, de comportamento *absurdo* e *irracional*. É um bom começo, pois, sem reparar, usou os mesmos termos que vêm sendo utilizados para falar de defeitos, vícios e pecados desde a época dos filósofos gregos até os nossos dias, passando pelos ensinamentos dos sábios cristãos da Antiguidade e da Idade Média. Todos os bons pensadores concordam em que aquilo que se opõe à *razão*, que contradiz a *reta razão* — como costumam chamá-la —, é errado e por isso prejudica o homem, levando-o por um caminho contrário à verdade e ao bem, e, em consequência, contrário à sua verdadeira felicidade.

Esta ideia é um excelente ponto de partida para focalizar os erros da gula e tomá-los como base para considerações mais amplas sobre a *temperança*, virtude que tem como objeto próprio e principal — como ensina São Tomás de Aquino — orientar pela *reta razão* os prazeres sensíveis (corporais) relativos ao tato, especialmente aqueles que estão diretamente ligados à conservação do indivíduo e da espécie, ou seja, a comida e a bebida, e o sexo. Se você me permite, meu caro leitor, eu gostaria de analisar as atitudes dos comensais das nossas cinco mesas, para ir entrando em cheio nessas outras reflexões. Com a sua licença, pois, começarei comentando a primeira mesa.

A família de superglutões

Não é preciso fundir a cabeça para entender que a atitude desses devoradores insaciáveis de massas, doces e gorduras nada tem de razoável, e muito tem de irracional. Essa família imaginária merece, no mínimo, o seguinte diagnóstico moral:

— Primeiro: Eles não comem para viver, mas vivem para comer, o que inverte a ordem natural das coisas. O alimento é um *meio* para o sustento, a sobrevivência e uma condição saudável de vida. Se o meio se transforma em um *fim*, temos uma *desordem* de comportamento: portanto, uma desordem *moral*, uma inversão de valores. A razão sadia só pode considerar essa atitude como absurda e errada. Esses glutões, em vez de *usar* os alimentos com prazer, mas de forma equilibrada, *abusam deles*, *exageram*, tirando do eixo algo tão natural como a alimentação e pervertendo com isso o seu *sentido*, ou seja, a sua *verdade*.

— Segundo: A reta razão — evidenciada, no caso, pela ciência médica — afirma que esse abuso de comida e de bebida é irracional também porque faz mal à saúde; é um caminho bastante garantido para o enfarte e outros problemas importantes, que podem desembocar facilmente em morte ou em incapacitação prematura (derrame, etc.). Ora, isso é uma grave *desordem* moral: é colocar o *prazer de comer* acima do *dever* de manter a *saúde* e de conservar a *vida* — dois valores infinitamente superiores ao prazer —, e isso mesmo agravado pelo fato de que, da nossa saúde e da nossa vida, dependem a vida e o bem de outras pessoas.

— Terceiro: Essa procura do prazer acima de tudo abre a nossa reflexão para uma perspectiva mais ampla, que hoje afeta profundamente as pessoas, as famílias e a sociedade. Uma das características da deterioração moral da nossa época é a adoção do *hedonismo* como critério orientador da vida. *Hedonismo* significa a procura prioritária do prazer, a divinização do prazer como se fosse a finalidade mais importante, se não a única, da vida. Essa mentalidade explica a invasão crescente das drogas e do álcool entre a juventude; as perigosas aventuras sexuais sem significado e com imenso risco e, em consequência, a deterioração do ideal do amor esponsal, alicerce da grandeza da família, que fica substituído por efêmeras aventuras egoístas, pela fumaça de «namoros» passageiros.

Como vê, os nossos glutões deram pano para mangas. Pensar na sua atitude levou-nos longe. Vamos ver até onde nos levam as reflexões sobre a segunda mesa.

O menino malcriado e o avô descontrolado

Estas duas figuras são as que encontramos na segunda mesa. Que dizer do menino e do avô?

É evidente que manifestam a mesma *falta de racionalidade* que os superglutões. Nenhum dos dois se guia pela cabeça, nenhum dos dois vive de acordo com a luz da inteligência. Estão dominados por caprichos e hábitos antirracionais.

Comecemos pelo garoto caprichoso.

Fala por si. Mostra, desde que pomos os olhos e os ouvidos nele, que está dominado por um egoísmo descomedido e insano. Só pensa no que ele quer, e só quer aquilo de que gosta; só sabe exigir o que lhe dá no gosto, faça mal ou faça bem. Traz-me à memória outro garoto de que há pouco me falavam. Os pais e avós foram tão tolerantes com os seus caprichos que agora — para angústia da família e preocupação dos médicos — não há meios de fazê-lo comer outra coisa, em todas as refeições e fora delas, senão sorvete e balas (o caso é histórico, sem exagero). É óbvio que, se não muda, vai acabar no hospital e possivelmente na cova. É triste, mas é um exemplo realista de criança mimada, que, por espantosa falta de critério dos familiares e educadores, está afundada no hedonismo e pode despencar na ruína física e moral.

Como contrasta com esse caso a história de um meu colega (também é história real, não de ficção), que me relatava o seguinte: na infância, ele era muito caprichoso e cheio de dengos, igual ao garoto da segunda mesa — «Não gosto, não quero, não vou comer essa porcaria!» O pai tentou cem vezes argumentar com ele para que tomasse o alimento que lhe convinha e deixasse de caprichos absurdos. Como não conseguiu nada falando, optou por um remédio mais radical. A partir de um dado momento, passaram a servir-lhe um prato normal ao almoço, digamos arroz com feijão e bife. Não queria? Não faz mal. Retiravam o prato, guardavam-no na geladeira e não lhe davam mais nada. Ao jantar, o mesmo prato surgia na mesa à frente do garoto. Reclamava, gritava, não queria? Não faz mal. O mesmo arroz, feijão e bife voltavam para a geladeira e o garoto era enviado em jejum para a cama. Na manhã seguinte, o café da manhã consistia naquele mesmo prato, recém-extraído da geladeira. O garoto acabava atirando-se a ele com fome de lobo (a fome, que é «o melhor condimento»), e foi assim, perseverando nesse «sistema», que acabaram com as manias e os dengos. Muitos anos depois, o meu bom amigo — que hoje, por sinal, é bispo — dizia-me, divertido e feliz, que conservava um agradecimento eterno a seu pai por não ter permitido que se tornasse um «babaca».

Esse pai fez muito bem em não respeitar a falsa liberdade da criança, que na realidade era uma escravidão. Como pai sensato, sabia que não há educação sem disciplina, e que uma boa disciplina jamais traumatiza, se vai acompanhada pelo carinho (que, no caso, não faltava).

Acho interessante o que diz a este respeito o pensador francês Gustave Thibon: «As crianças mimadas — aquelas cujos movimentos "espontâneos" foram respeitados e afagados — são as que mais tarde se convertem, por falta de consistência e de orientação interiores, nas vítimas mais passivas da opinião e da moda. Na mesma medida em que lhes foram poupadas todas as restrições, sucumbem a todas as seduções». E acrescenta: «Outrora, exigiam-lhes demais; hoje, não se lhes pede o suficiente». Consideração parecida é a do Cardeal Ratzinger, numa entrevista de 1997: «Atualmente, é frequente observar que a gente jovem cada vez se sente menos exigida... Quando não se tem a coragem de podar, só crescem folhas».

É muito perigoso deixar-se dominar pela «lei do gosto» (como a chamava São Josemaria Escrivá). Pode levar crianças e adolescentes a um futuro de consequências desastrosas. A desordem da gula pode parecer inocente e até engraçada, mas revela uma *atitude,* que facilmente se estende a todos os setores da vida. Caprichoso na comida é quase sempre caprichoso na TV, caprichoso no horário de levantar e de dormir, no uso do computador, no estudo, no relacionamento com parentes... e será caprichoso, egoísta e superficial no amor.

Como será possível que uma pessoa «formada» assim não aplique ao amor — algo tão extraordinariamente sério — os mesmos critérios hedonistas? Não será de estranhar que se acostume a encarar a mulher — ou o homem, no caso das meninas —, como um mero objeto de diversão, prazer e entretenimento, que se «consome» e se descarta — depois de ter *ficado* — conforme o capricho do momento. Quantos e quantas não largam a namorada, o namorado, a esposa ou o marido (e tantas vezes os filhos!), como se atira ao lixo a lata de cerveja vazia, o embrulho de chocolate e o copo de sorvete, porque já foram usados e agora só atrapalham... Não é assim?

— É, sim, é um retrato da vida de muita gente... Mas, escute — diz o leitor amigo —, e o avô? Vai dizer alguma coisa do avô?

— Pouca coisa. Para falar cruamente, diria que é um «falso bom», porque é um «fraco». A verdadeira bondade quer o bem dos outros. Quem pretende agradar e ficar bem com todos só procura a si mesmo, só quer ganhar simpatia ou evitar aborrecimentos, não sabe amar. Os avós condescendentes com os caprichos dos netos só lhes fazem mal. Este nosso avô trabalha para a ruína do neto. Talvez ceda assim precisamente porque ele próprio é fraco de caráter, como se observa pelo disparate que comete. Sabe que padece de diabetes grave e não consegue conter-se quando lhe põem na frente um bolo de chocolate, que, para ele, é uma bomba com o estopim aceso. Onde está aí a «reta razão»?

Bem, já refletimos um pouco. Passemos para a terceira mesa, onde empinam o nariz e a taça de champanhe os casais requintados.

Os dois casais requintados

— Confesso — interrompe-me de novo o leitor acompanhante — que esses dois casais me provocam uma antipatia enorme...

— Não se esqueça de que são «virtuais», ou seja, inventados. Mas compreendo o seu sentimento. Contudo, gostaria de lembrar-lhe que, se fossem reais, tanto você como eu deveríamos julgá-los com o máximo de compreensão e de misericórdia cristã — mesmo que tivéssemos certeza dos seus erros, certamente condenáveis. Uma coisa é condenar o erro e outra, a pessoa que erra. A pessoa sempre deve ser compreendida e amada.

— Em todo o caso, como são virtuais, isso nos permite julgá-los com um pouco mais de rigor, não é verdade?

— Está certo. E até será bom, pois esses dois casais imaginários encarnam alguns dos piores tipos de gula de que já falavam os antigos sábios. Nunca ouviu falar de que os velhos filósofos classificavam a gula em cinco tipos?

— Não. Nem imagino o que isso seja.

— Então, só por curiosidade, vou-lhe dizer como é que eles chamavam esses tipos de gula em latim, traduzindo-os logo a seguir. Eles falavam do vício de comer (ou de beber) *praepropere* — antes da hora; *laute* — procurando o requinte; *nimis* — ou seja, em excesso; *ardenter*, atirando-se à comida com grande voracidade —; e *studiose* — dedicando à preparação da comida um tempo e uma despesa desproporcionados. Que achou?

— Interessante. Tomarei nota desses nomes divertidos e acho que todos esses tipos de gula, ou quase todos, estão no nosso Restaurante Virtual. Por exemplo, os gordões são da classe *nimis* e *ardenter*...

— E os dois casais que agora nos ocupam?

27

— Ah! Esses são do tipo *laute* e *studiose*..., não é assim?

— Na mosca! Mas, diga, por que motivo é um vício, uma *desordem*, essa dedicação obsessiva a degustar as iguarias mais requintadas e raras e a beber os vinhos mais caros, mesmo que para isso se devam gastar fortunas e fazer viagens exorbitadas? Por que isso vai contra a *reta razão?*

— Desculpe, mas a doutrina é com o senhor. Estou escutando.

— A doutrina está ao alcance de todos. Mas, enfim, repare que essa gente também parece «viver só para comer»; neste caso, não por voracidade — como os da primeira mesa —, mas por sofreguidão de chegar ao máximo do «prazer», como se isso fosse o ponto supremo da vida. Em suma, são uns rematados *hedonistas*. Ora, viver *para* o prazer é uma total subversão de valores. Uma coisa é gostar de comida boa — às vezes até requintada — e bem preparada. Outra coisa é fazer do prazer de comer e beber uma meta, uma finalidade tão prioritária, que passa por cima de outras finalidades da vida mil vezes mais importantes, como são as relações filiais com Deus, a missão de edificar primorosamente a família, o empenho prioritário na educação dos filhos, a preocupação por colaborar com atividades que remedeiam ou aliviam os males sociais, e tantas coisas mais... Pode ter certeza de que essas quatro pessoas, se são católicas, deixarão, sem um pingo de remorso, a Missa dominical em troca de uma refeição «muito especial». A eles se pode aplicar literalmente o que escrevia São Paulo: *Seu deus é o ventre*.

Já os ouvimos antes, ao entrar no restaurante. Só falavam de comer, de pratos e bebidas! Vêm ao pensamento umas palavras de Cristo: *A boca fala do que há no coração*; e estas outras, que as complementam: *Onde estiver o teu tesouro, ali estará o teu coração*. Para esses dois casais, o maior «tesouro» com que sonham, em que pensam, de que falam, é o prazer de comer... Penoso!

— Se de vez em quando, mesmo que só por gosto, fizessem um «extra» mais caro, acho que ainda daria para aceitar. Mas fazer isso sempre, com ânsia, obsessivamente, é um desvario. Para esses, a gula já se tornou uma religião.

— Exato. É muito triste que não coloquem as suas energias mentais e espirituais, a capacidade de pensar, de amar e de agir, em ideais nobres e elevados, que lhes dariam sentido à vida, e fariam bem à família, aos amigos, à sociedade, a tantos e tantos que sofrem, que padecem fome e sede, doenças e solidão, sem que ninguém cuide deles...

E, além disso, você não acha que, quando se vive num mundo em que há tanta pobreza, tanta miséria, tanto doente sem recursos, tanta criança abandonada, tanta solidão sem consolo, é uma afronta gastar quantias fabulosas em prazeres absolutamente dispensáveis, em vez de orientar esse dinheiro em favor do próximo carente?

— Acho, sem dúvida!

— Você sabe que a doutrina cristã é muito exigente neste aspecto. Tão exigente como Cristo o foi, quando dizia: *Retirai-vos de mim, malditos. Ide para o fogo eterno* [...]. *Porque tive fome e não me destes de comer; tive sede e não me destes de beber* [...]. *Estes lhe perguntarão: Senhor, quando foi que te vimos com fome, com sede* [...]? *E ele responderá: todas as vezes que deixastes de fazer isso a um destes pequeninos, foi a mim que o deixastes de fazer. E esses irão para o castigo eterno* (cf. Mt 25, 31-46).

E, ainda, você não se lembra da parábola do rico comilão e do pobre Lázaro (Lc 16, 19-31)? O rico *todos os dias se banqueteava e se regalava*. O pobre Lázaro, faminto, deitava-se à porta dele, desejando matar a fome *com as migalhas que caíam da mesa do rico*, mas nem isso lhe davam. Morreram ambos, o rico guloso foi precipitado no inferno e Lázaro foi salvo. O rico avarento, você acha que foi condenado só pela gula? Não. Além da gula, e acima de tudo, foi condenado porque usava dos seus bens exclusivamente para prazer pessoal e não queria saber das necessidades dos outros.

Desde o início do cristianismo, como um eco dos ensinamentos de Jesus, os grandes santos pregavam a doutrina que São João Crisóstomo expressava com estas palavras vigorosas: «Se possuis grande fortuna, não é para usufruíres dela só em proveito próprio, mas para seres administrador fiel da mesma em proveito do próximo. É um roubo não dar esmola do que se possui. O rico deve considerar-se um agente de Deus na distribuição de bens entre os pobres».

E também, falando especificamente dos gulosos avarentos, São Gregório Nazianzeno assim os invectivava: «Queremos a nossa mesa opulenta de iguarias, provenientes em abundância de todos os elementos: do ar, da terra e da água. E queremos apurar as artes dos cozinheiros para afagar sempre mais este ventre globoso e ingrato, esta carga pesada e fonte de males, fera insaciável e infidelíssima, destinada a ser destruída junto com os alimentos destruídos... E os pobres, que se fartem de água!»

— Se repete muito isto, vão dizer que é comunista...

— Pois então que digam que é comunista João Paulo II, de quem são as palavras que vou citar a seguir, proferidas em 1979 no *Yankee Stadium*:

> Cristo pronuncia palavras muito duras contra os que utilizam os bens egoisticamente, sem repararem nas necessidades dos outros. A parábola do rico avarento e do pobre Lázaro deve estar sempre presente na nossa memória; deve formar-nos a consciência. Cristo pede abertura para os irmãos e irmãs necessitados; abertura da parte do rico, do opulento, do abastado; abertura

para o pobre, o subdesenvolvido, o desprotegido. Cristo pede uma abertura que é mais do que atenção benigna, ou manifestações esporádicas de atenção, ou meios esforços, que deixam o pobre tão desprotegido como antes ou inclusivamente mais. Não podemos permanecer ociosos desfrutando das nossas riquezas e liberdade se em algum lugar o Lázaro do século vinte está à nossa porta...

Como vê, a gula é, muitas vezes, um espelho da vida toda; você puxa pelo fio da gula e aparecem outras mazelas da alma. Mas vamos agora abeirar-nos da mesa dos dois supermagros. Não parecem a antítese da gula? No entanto...

Os namorados esqueléticos

Já os vimos e os ouvimos dialogar. Ela tem anorexia. Ele tem filosofia. Comecemos pela magricela. Como é que chegou a essa extrema e perigosa magreza?

Provavelmente como muitas outras. Pela vaidade. Hoje em dia, há um verdadeiro bombardeamento de propaganda, aterrorizando as mulheres sobre o perigo de engordar. Não se trata tanto do perigo das gorduras para a saúde, mas do risco de perder a figura, a elegância, a beleza.

Com incentivos de estética feminina, o *marketing* atira-se a promover mil produtos *light* «que ajudam a não engordar», a aconselhar métodos esquisitos (e perigosos) para «perder sete quilos em quinze dias e ganhar energia e beleza», a fazer a propaganda de confecções em que não cabe a cintura de uma vespa, e a propor como modelo, nas revistas femininas, na TV, no cinema, mulheres tão magras, que parecem um fio de cabelo posto em pé. Verificou-se recentemente que, de quatro anúncios dirigidos a mulheres, um deles convida direta ou indiretamente a perder peso.

Resultado disso: já está constatada uma ampla e crescente epidemia de anorexia nervosa e de bulimia, que provoca transtornos na conduta alimentar, porque a mania de não engordar passa a ser a obsessão permanente da vida. A epidemia avança, e cada vez mais provoca doenças e mortes.

E na raiz de tudo isso o que é que está? Duas coisas: primeiro, o materialismo que, esquecendo a alma, faz voltar todas as atenções para o culto do corpo; e, depois, a vaidade exacerbada, que faz de inúmeras mulheres — e homens — uns escravos da *moda*. Pela moda perde-se a saúde. Pela moda perde-se o decoro. Pela moda perde-se o senso do ridículo. Pela moda perde-se a alma. Muito bem dizia Gustave Thibon que «a moda é a ditadura do efêmero que se exerce sobre os desertores da eternidade».

E o mais triste é que, antes de perder-se a grandeza espiritual, perde-se a sensatez, a *reta razão*. É em vão que a medicina alerta sobre os perigos da anorexia e da bulimia, e que a ciência e a experiência demonstram os efeitos nefastos dessa mania de emagrecer; a vaidade é mais forte, e faz com que prevaleça a influência do ambiente, da propaganda, do que vão dizer as amigas... Se essas mulheres vivessem no século XVII ou XVIII, conforme se vê pelos quadros de Rubens, lutariam como doidas para ser gorduchinhas, infladas e volumosas, pois essa era a moda na época, o padrão de beleza...

Bem. Passemos agora para o namorado fantasmagórico. Já vimos que tem teorias «profundas», um guru particular e uma salada de «filosofias», o que também é um perigo espantoso. Foi por gurus e «filosofias» picaretas que muitos jovens, em ambientes de *rock* desvairado, despencaram pelo precipício sem regresso das drogas.

Mas a «filosofia libertarianista» do nosso esquelético é outra. Você se lembra do que ele falava à coitada da namorada: «A matéria só prejudica o espírito [...], a matéria é má, é perversa, esmaga o espírito; [...] só comemos porque somos escravos impuros da matéria impura; [...] quando nos tivermos libertado da matéria não precisaremos mais de comer, viveremos só do pensamento, só a filosofia nos sustentará!» Não lhe diz nada essa teoria?

— Não sou filósofo, mas isso me soa a maniqueísmo.

— Exatamente. No século III depois de Cristo, Manes, inspirando-se em parte no mazdeísmo persa, no neoplatonismo e em várias filosofias orientais, propugnava um *dualismo* radical: por um lado, haveria um Deus bom, princípio de Luz, que foi quem criou os espíritos; por outro, um deus mau e inimigo, princípio de Trevas, que teria criado a matéria. Por isso, a matéria seria essencialmente má, e ela — concretamente o corpo — é que nos faria mal e tornaria imperfeitos e maus os homens. A doutrina completa do maniqueísmo é complicadíssima e contraditória, mas o que nos interessa saber é que defende, como caminho de perfeição e de salvação, a necessidade de que as almas se libertem dos laços da matéria. Por isso, entre outras coisas, os maniqueus condenavam o matrimônio, ainda que depois se dedicassem às piores bandalheiras.

Santo Agostinho esteve envolvido com essa seita durante muitos anos. Mas, quando foi atingido pela graça de Deus e se converteu ao cristianismo, combateu energicamente os erros maniqueus, partindo de uns princípios claríssimos. A matéria — o universo — foi criada por Deus. Deus é bom, não pode criar nada de mau. Portanto, a matéria, o corpo, etc, necessariamente são bons, como se lê, em frase expressiva, no início do livro do Gênesis, após Deus ter completado a sua obra com a criação do homem e a mulher: *Deus contemplou toda a sua obra e viu que tudo era muito bom.*

Pois bem, essa perspectiva bíblica, que é a certa, tem consequências que — embora não pareça — iluminam a reflexão cristã sobre a gula. Veja. Ao observar as três primeiras mesas, percebemos que faz parte do vício da gula comer descontroladamente, deixar-se dominar por caprichos irracionais e perigosos, divinizar o prazer requintado de comer e viver só para ele... Ora, todas essas atitudes estão ligadas ao hedonismo, ao culto do prazer como bem supremo. No entanto, na quarta mesa vemos o contrário. O filósofo esquelético *condena o prazer físico* como um mal. Combatendo o prazer material, à procura de uma espiritualização absoluta, esse indivíduo não peca certamente por gula, pois não come nem bebe nada, mas então peca por quê...?

— Já falei antes que o considero um maluco.

— Isso é certo. Mas não nos interessa agora um diagnóstico psiquiátrico, e sim um diagnóstico moral. Suponhamos que esse sujeito não é um doido varrido, destituído de responsabilidade pelos seus atos (podemos supô-lo à vontade, porque fomos nós que o inventamos). Pois bem, uma pessoa moralmente responsável, que desprezasse a matéria e todo o prazer material, considerando-os um mal, diz São Tomás de Aquino que *pecaria*, e até dá o nome a esse pecado: o pecado da *insensibilidade*. É interessante, não? O melhor é ler textualmente São Tomás:

É vicioso — escreve na *Suma Teológica* — tudo aquilo que se opõe à ordem natural. Mas foi a própria natureza que pôs o prazer nas operações necessárias à vida humana. Por isso, a ordem natural exige que o homem desfrute desses prazeres, *na medida em que são necessários para a saúde humana, quer seja em ordem à conservação do indivíduo, quer da espécie*. Por isso, se alguém rejeitasse o prazer até ao ponto de rejeitar o que é *necessário para a conservação da natureza*, pecaria, pois se oporia de algum modo à ordem natural. E nisso consiste o pecado da insensibilidade.

O que Tomás de Aquino condena é exatamente o que o namorado esquelético defende. Estão em posições opostas. E posso acrescentar, falando em baixa gramática..., e tem mais!

— O quê?

— Você já deve ter ouvido dizer a algum desses «intelectuais» ignorantes que se fazem passar por sábios que a doutrina católica é inimiga do prazer, que ensina que o sexo é uma espécie de mal «tolerado», que em si seria coisa baixa e suja.

— Já ouvi dizer isso a um professor de cursinho, que não parava de «malhar» a Igreja...

— Pois bem, veja de novo o que ensina São Tomás de Aquino, esse homem do século XIII (da pretensa Idade Média «obscurantista»...) que a Igreja Católica recomenda como guia seguro para a reflexão teológica. Fala sobre o sexo, também na *Suma Teológica*, e diz que, tal como o comer e o beber, a satisfação do instinto sexual natural e o prazer que a acompanha são bons e sem sombra de pecado («livres de todo o pecado»), *desde que se guarde a «ordem devida»*, ou seja, desde que *o sexo seja usado dentro do matrimônio* (pois este é o plano que Deus estabeleceu para o verdadeiro bem do homem), e desde que se mantenha a *medida conveniente*.

Sobre essa «medida», sobre a moderação virtuosa do prazer, é também interessantíssimo saber que ele escreveu: «A abundância do prazer que se sente no ato sexual, ordenado pela reta razão — portanto, dentro dos fins e dos bens do *matrimônio* —, não se opõe à justa medida da virtude».

Como vê, nós os católicos não somos maniqueus. Não condenamos a matéria nem o corpo. Sabemos que o mal não está na matéria nem no prazer corporal, mas no coração do homem, como Cristo nos ensina: *É do interior do coração dos homens que procedem os maus pensamentos: devassidões, roubos, assassinatos, adultérios, cobiças, perversidades, fraudes, desonestidade, inveja, difamação, orgulho e insensatez. Todos esses vícios procedem de dentro e tornam impuro o homem* (Mc 7, 21-22).

Só o coração do homem, envenenado pelo egoísmo, pela sensualidade eletrizada, é que pode tirar do trilho o prazer que Deus colocou na natureza como algo bom em si. Lembremos de novo que o pecado é sempre uma «desordem»: é usar para o mal o que Deus nos deu para o bem (como usar o sexo, que é santo entre os esposos, para divertir-se frivolamente, ou para trair e cometer adultério); é fazer daquilo que existe para servir a vida (como é o caso do alimento e da bebida) um ídolo que escraviza e faz perder o autodomínio e a saúde; e é transformar os simples meios em fins (como aqueles que vivem para comer, em vez de comer para viver).

Mas chega de esqueléticos e passemos para a quinta e última mesa.

A comemoração do vestibular

— Confesso — diz o leitor que me acompanha — que nessa quinta mesa eu gostaria de ficar, de me sentar e comer junto dessa família. O ambiente é tão agradável!...

— Eu sinto a mesma coisa. Lembra-se de que, quando os observamos pela primeira vez, no final você e eu nos entreolhamos e percebemos que ambos estávamos a sorrir? É natural. Nessa família que festeja o final feliz do exame vestibular do filho, tudo é alegria limpa, afeto e espírito de gratidão. Eu até diria que, quando brindam com cerveja (não pediram champanhe), o tilintar dos copos está dando quatro notas musicais: a do amor, a da alegria, a da gratidão... e a do prazer; sim, a do prazer de comer e de beber, daquele sadio comer e beber que não é fuga nem estímulo artificial (como o é o de muitos que bebem demais), nem embotamento de comilão empanturrado, que vai da mesa à cama, para dormir uma sesta de jiboia que acaba de engolir uma paca (e é outro modo de fuga, afinal), nem o frenesi etílico da danceteria esquizofrênica ou da «balada» orgiástica.

Não. A comida e a cerveja estão tão perfeitamente integradas na felicidade da comemoração, que passam a fazer parte do carinho e da alegria de pais, filhos, irmãos. Isto me traz à memória uma luz clara do Evangelho. Cristo, com frequência, utiliza a imagem do banquete, do convite para as bodas, da ceia, como símbolo do amor, do amor de Deus para com os homens e dos homens, unidos a Deus, entre si. Por isso o banquete é uma das imagens típicas do Reino dos Céus e da união amorosa com Deus na eternidade.

Essa bela família nos ensina que, para sermos felizes, não é preciso exceder-nos, nem abusar, nem perder o controle, nem tampouco desprezar os prazeres sadios da vida. Basta usufruir com moderação e agradecimento os bens que Deus nos concede e envolver tudo no amor, que dá a verdadeira vida às coisas.

Por outras palavras, essa família nos ensina o valor da virtude da *temperança*, pois esta é a virtude que nós contemplamos na última mesa.

Com isto, estamos prontos para fechar a porta às reflexões sobre o Restaurante Virtual e abrir o portão da segunda parte deste livrinho, que vai tratar exatamente da virtude da temperança. Como anunciávamos no começo, do rés do chão da gula subiremos ao patamar da temperança.

Segunda parte

REFLEXÃO SOBRE A TEMPERANÇA

As cinco mesas do Restaurante Virtual despertaram em nós uma porção de pensamentos. A partir de agora, a nossa reflexão procurará dar um passo à frente, com um duplo objetivo: ordenar racionalmente ideias que já foram surgindo, e tratar de completá-las e de aprofundar nelas, com o fim de atingirmos uma perspectiva mais ampla da virtude da temperança, que é o contraponto positivo da gula (e da luxúria).

— Mas ficar só refletindo e aprofundando, sem contemplar figuras vivas (ainda que virtuais) como até agora, não vai ficar um pouco árido? — queixa-se o leitor.

— Paciência. Para viver bem é necessário pensar! De qualquer forma, tentaremos evitar a aridez tanto quanto pudermos...

E, para começarmos esta etapa de reflexão, muito nos pode ajudar o texto, rico e denso, que o *Catecismo da Igreja Católica*, no n. 1809, dedica a essa virtude. Diz assim:

> A *temperança* é a virtude moral que modera a atração pelos prazeres e procura o equilíbrio no uso dos bens criados. Assegura o domínio da vontade sobre os instintos e mantém os desejos dentro dos limites da honestidade. A pessoa temperante orienta para o bem os seus apetites corporais...

Duas coisas ficam muito claras nessa definição.

A primeira, que a temperança procura a atitude equilibrada, certa, em relação *aos prazeres corporais*, ao uso dos *bens deste mundo*, aos *instintos*, aos *desejos*, aos *apetites sensíveis*. Todos entendemos o que isto quer dizer. Fala-se, nesse texto, da nossa inclinação para o prazer sensível no comer, no beber, no sexo, no descanso, no bem-estar corporal e nos outros bens desfrutáveis pelos sentidos (desde perfumes até emoções radicais). Com isso, dá-se a entender que também entram no campo da temperança, embora de modo secundário, os cuidados que dedicamos à boa forma do corpo e à saúde, ao descanso, ao lazer e ao tempo destinado ao sono, ao exercício físico..., coisas todas que podemos pautar por critérios de equilíbrio, moderação e sensatez, ou então desordenar pelo abuso, pelo exagero, pelo vício, pela dependência, a obsessão, o risco irracional, a avidez, a preguiça... Pense devagar em cada uma das expressões desta longa lista de desordens e diga-me se não poderia aplicar cada uma delas a diversas pessoas que você conhece, talvez até algumas — desculpe! — a você mesmo.

— Admito «humildemente» a minha preguiça por ficar tempo demais na cama, reconheço que abuso do café, arrepio-me de ter praticado *rappel* de viaduto sem o mínimo treinamento, e prefiro não falar das horas inutilmente perdidas na Internet..., nem sempre com assuntos culturais ou científicos...

Pare, pare! Não se trata de fazer uma confissão pública... Voltemos ao nosso tema, sem personalizar.

A segunda coisa que percebemos na definição do *Catecismo* é que a temperança não tem a função negativa e odiosa de *eliminar* os prazeres, *abafar* os instintos, *extirpar* os desejos, os apetites e as paixões sensíveis, mas algo de muito mais elevado e puro, que o próprio *Catecismo* expressa por meio das palavras *moderar,* procurar o *equilíbrio* — ou seja, a medida certa —, o *autodomínio* e, enfim, a *orientação* de todo o universo dos desejos e das inclinações corporais ou sensíveis (vista, gosto, tato, etc., e os prazeres que proporcionam) *para o nosso bem e o do próximo,* evitando que ocasionem um *dano físico, espiritual ou moral* a nós mesmos ou aos outros.

Talvez o leitor ache interessante um detalhe erudito a este respeito.

— Desde que não nos metamos em filosofias que ninguém entende..., pois, como já falei, as divagações intelectuais são perigosas e facilmente ficam enfadonhas...

— Não, não. Ao contrário. O detalhe erudito é esclarecedor. Na Bíblia, no Novo Testamento, que, como sabe, foi todo ele escrito em grego, usam-se duas palavras para designar a temperança: *sofrosyne,* que costuma traduzir-se por «sobriedade», e *enkráteia,* que significa normalmente temperança no seu sentido mais amplo, ou seja, de moderação dos diversos prazeres corporais (veja, por exemplo, Carta aos Gálatas, 5, 23). Pois bem, esta última expressão deveria traduzir-se, segundo os melhores conhecedores do grego bíblico, por «autodomínio» ou «domínio próprio» — ainda que também possa ser traduzida, sem deturpar-lhe o sentido, por temperança, moderação ou continência.

Isto quer dizer que, mesmo que os desejos, os instintos e as ânsias de prazer — sobretudo quando atiçados por fortes incentivos — nos puxem para comportamentos irracionais, desregrados ou excessivos, a virtude da temperança fará com que a força da *vontade* os «domine» («autodomínio»), os «modere», ou seja, tome as rédeas e os conduza sabiamente para aquilo que a *inteligência* mostra como certo e *razoável*, que é sempre o *nosso bem* como seres humanos. A razão dirá: «Não beba uísque até cair no chão», «Não coma o que lhe faz mal, ainda que seja gostoso», «Não durma por pura preguiça na hora de preparar uma prova ou um concurso», «Só porque hoje sente mais o puxão do sexo, não caia no conto do namorico mais falso que Judas, que só lhe vai deixar remorsos»...

Em resumo — e desculpe-me se faço questão de repisar bem estas ideias-base —, não pode haver temperança se não houver um *raciocínio* sensato e lúcido sobre o que é equilibrado e bom; e, igualmente, se não houver uma *vontade* com força de domínio suficiente para manter os desejos e impulsos no *ponto certo* que a razão indica. Por outras palavras, que sem a *luz da razão* e sem a *força da vontade* é impossível viver a virtude da temperança. É isto o que vamos ponderar nas páginas a seguir.

A RAZÃO E AS SUAS TRÊS FACES

Acabamos de dizer que o primeiro passo para praticar a temperança consiste em usar corretamente da luz da razão. Mas alguém poderia perguntar: — De que razão estamos falando?

— Essa é boa — torna a intervir o leitor amigo, que anda um pouco loquaz —, que eu saiba só temos uma razão, não é?

— Depende do que você queira dizer. Se fala da razão como potência espiritual (memória, razão ou inteligência, e vontade), estou de acordo. Mas, na prática comezinha da vida — que não anda com muitas considerações filosóficas —, todos nós costumamos empregar três tipos de «razão» — duas boas e outra má — que vamos chamar aqui *razão lúcida*, *razão sequestrada* e *razão iluminada*.

— Francamente, gostaria que me explicasse isso...
— Com muito prazer.

A razão lúcida

Na Encíclica *Fides et ratio* («A fé e a razão»), João Paulo II começa dizendo: «A fé e a razão constituem como que as duas asas pelas quais o espírito humano se eleva para a contemplação da verdade». Embora fale da fé em primeiro lugar, o Papa dedica esse documento principalmente a defender a capacidade da nossa razão para atingir verdades fundamentais. A razão humana — você sabe — é como que uma faísca do entendimento divino, que nos foi dada com a alma espiritual; é uma luz, é uma janela da alma — criada à imagem e semelhança de Deus — que está aberta à verdade sobre nós mesmos, sobre a vida, sobre o mundo e sobre Deus. Ou seja, que tem a *potência* de captar a *verdade*.

Esta «asa da razão» já fez voar muito alto, séculos antes de Cristo, homens sábios que não possuíam ainda a verdade cristã. Há um grande patrimônio de *verdades objetivas* que foram captadas, ao longo dos milênios, pelos grandes filósofos, pensadores e mestres espirituais do Ocidente e do Oriente, verdadeiros gigantes da inteligência e do espírito. Quero cingir-me agora — para não sairmos do tema deste livro — às verdades sobre as virtudes que fazem com que o homem e a mulher sejam «bons» (e, por isso mesmo, felizes), tendo em vista principalmente a virtude da temperança.

Não é preciso ser filósofo, basta ser uma pessoa mentalmente sadia e de boa-fé, para entender, *com a razão* que Deus nos deu, os temas que anteriormente tocávamos e outros análogos: que fumar *crack* é suicida; que descambar para o consumo abusivo de álcool é perigoso; que encher-se de gorduras sendo cardíaco é uma enorme tolice; que expor, sem proteção, em pleno meio-dia, uma pele muito branca ao sol da praia é candidatar-se ao câncer; que exagerar no emagrecimento pode ser fatal; que varar noites a fio, preso a um jogo eletrônico ou a um desafio da Internet, acaba criando distúrbios de saúde, e até pode levar (como já aconteceu) à morte ou à perturbação mental; que «cair» no conto do namoro com pessoa desconhecida, pelos *chats* da Internet, é uma insensatez, pois pode trazer lágrimas aos olhos e fortes danos ao bolso; que deixar-se arrastar como um bicho descontrolado pelo apelo imediato do sexo, além de desumanizar e aviltar o amor, pode levar ao contágio de doenças fatais ou a armadilhas muito bem armadas por pessoas inescrupulosas, etc. Da mesma maneira, os bons filósofos pagãos sabiam avaliar — como o fazem os bons cristãos — a superioridade do matrimônio fiel em relação a família unida sobre o egoísmo volátil do «amor livre».

Esta é a *razão lúcida* ou *reta razão* em funcionamento.

— Alguns dizem que isso é utopia — volta a intervir o leitor —, que não existe, que só há opiniões e pontos de vista, que podem ser contrários uns aos outros; que tudo é relativo e «depende» de cada pessoa, e que, afinal, cada um é livre de escolher a sua moral e os seus princípios, e que... tudo bem.

— Sinto muito, mas tudo mal. A *verdade* e o *bem* não são trezentas coisas que se contradizem umas às outras, que se eliminam mutuamente, que se anulam. Matar um inocente será sempre um ato radicalmente contrário à reta razão, mesmo que muitas pessoas o aprovem ou se torne permitido pelas leis de muitos países, como no caso do aborto e da eutanásia. O vício das drogas será sempre um mal, algo anormal, mesmo que, pela força dos costumes, acabe tornando-se «comum» em quase todas as festas e comemorações, como já está acontecendo em certos países. Ser infiel à mulher ou ao marido será sempre uma traição.

Por sinal, acho que você, caro leitor, já aprendeu a distinguir — pois não lhe falta inteligência — entre o «normal» e o «comum». Muitas pessoas (vamos suspender o juízo sobre a sua inteligência) chamam normal ao que socialmente se tornou comum, o que é uma falta de racionalidade notável. Com este critério estatístico que declara «normal» o que a maioria das pessoas acaba fazendo, teríamos que admitir que, na Alemanha nazista, na longa época em que, por enfeitiçamento coletivo, a maioria do povo apoiava Hitler, dado que se tinha tornado «comum» perseguir os judeus, isso seria «normal». No entanto, sob qualquer ponto de vista que se adote, esse crime nefando foi e será sempre aberrante, tudo menos «normal». Digo isto para que você fique precavido em face dos critérios de «moral estatística» que muitos jornais, revistas, programas de TV, conferencistas e professores de todos os níveis costumam usar como argumento. Com isso criam um «monstro» voraz, que suga o raciocínio e bestifica o ser humano, tornando-o massa manipulada: o monstro cego do «hoje em dia todos pensam assim» ou do «todo o mundo faz».

Está claro, portanto, que temos muita necessidade de possuir uma *razão lúcida,* aberta com transparência à verdade objetiva e ao bem. Pois, como víamos há pouco, há um bem que, ao longo dos milênios, todos os que não estavam contaminados por distorções morais e ideológicas souberam descobrir, usando a *reta razão* e contando, mesmo que não o soubessem, com a ajuda que Deus dá sempre aos corações sinceros. Neste sentido, acho significativas, por exemplo, as palavras que, no *Senhor dos Anéis,* Aragorn dirige a Éomer de Rohan: «O bem e o mal não mudaram desde o ano passado; nem são uma coisa para os elfos e os anões e outra coisa para os homens. É papel do homem discerni-los, tanto na Floresta Dourada como em sua própria casa».

É justamente nesta linha da razão lúcida que o *Catecismo da Igreja Católica* afirma que os Dez Mandamentos constituem o resumo da «lei natural», ou seja, das normas morais que correspondem à natureza humana, e que a reta razão manifesta à consciência de todos os homens de boa vontade, em todos os tempos e em todos os lugares. «A lei natural — diz o *Catecismo* — é *imutável* e permanente através das variações da *história;* subsiste sob o fluxo das ideias e dos costumes e constitui a base para o seu progresso». E isso porque os Dez Mandamentos «proíbem o que é contrário ao amor de Deus e do próximo e prescrevem o que lhe é essencial. O Decálogo é uma luz oferecida à consciência de todo o homem, para lhe manifestar o chamamento e os caminhos de Deus e protegê-lo do mal».

Não sei se você viu um filme antigo, da época da «guerra fria». Por um erro fatal, desencadeou-se um processo que levaria inevitavelmente à guerra atômica entre os Estados Unidos e a União Soviética, com o risco provável de acabar com a humanidade. As maiores inteligências do mundo, unidas num esforço gigantesco de urgência, trabalharam noite e dia na programação de um grande computador que pudesse processar uma solução de emergência, capaz de deter a hecatombe. Quando o aparelho, o mais sofisticado do mundo, ficou com o programa pronto, fez-se a consulta, e o computador respondeu apenas: «O Senhor teu Deus é o único Senhor... Não tomarás o nome de Deus em vão... Honrarás pai e mãe... Não matarás... Não cometerás adultério... Não furtarás... Não mentirás... Não desejarás a mulher do próximo... Não cobiçarás os bens alheios». Os Dez Mandamentos...

A razão sequestrada

Mas ter uma *razão lúcida* não é coisa fácil. Muito mais fácil, infelizmente, é ter a *razão sequestrada*.

— Sequestrada por quem?
— Por muitos sequestradores! Vamos começar com um exemplo. Lembra-se do avô da segunda mesa? O que disse ao garçom?: «Sou diabético, mas uma exceção não faz mal». Só que a exceção foi desmedida. Ele, racionalmente — isto é, com a razão lúcida —, sabia que aquilo lhe fazia mal, era perigoso, mas o

«desejo» de saborear um enorme pedaço de *floresta negra* tornou-o irracional. A gulodice (ânsia de prazer) sequestrou-lhe a *reta razão* e a apagou. Depois de outra como essa, se o velho for parar num pronto-socorro com crise diabética grave, será lógico que o médico plantonista lhe diga, usando da razão lúcida: «Meu amigo, com o grau de diabetes que o senhor tem, da próxima vez — se repetir esta imprudência — não irá para o pronto-socorro, irá direto para o necrotério».

O *desejo de prazer*, irrefletido, é um conhecido sequestrador do raciocínio correto. E é poderoso, como o prova o fato de que tem milhões de pessoas trancadas no seu cativeiro. Sim, são muitos os que já se enfiaram no beco sem saída do vício e estão com a vida em frangalhos. A maioria deles começou só querendo experimentar uma sensação nova, um prazer inédito, iludindo-se a si mesmos com o falso raciocínio de que: «Não acontece nada, é só para saber que sensação produz, eu sei controlar-me».

Primeiro foi o álcool; depois, a maconha; depois, veio a cocaína — só uma vez, para ver como é que é..., e a seguir o hábito de aspirá-la em quase todas as festas... —; até que um dia apareceu a heroína ou o *crack;* e, desse modo, o *rebelde* independente, que «sabia o que fazia», que se julgava racional e *que amava a liberdade sem restrições,* terminou acorrentado pelas algemas do vício. Com a razão abafada, a sua liberdade morreu assassinada, «suicidada». Agora já não «pode» mais livrar-se do hábito, a não ser a muitíssimo custo e quase que por milagre. Talvez, quando o pai, a mãe, um bom amigo, um mestre sensato, usando os argumentos racionalmente corretos o alertavam contra o perigo dessas experiências, ele (ou ela) se sentia incompreendido e se revoltava — tantos colegas seus as faziam — e não admitia que ninguém interferisse no *seu* modo de pensar e nas *suas* decisões. Mas essa liberdade de pensar por conta própria, defendida com tanto ardor, acabou sendo aquela que Santo Agostinho chamava «a minha liberdade de escravo».

Mencionava os colegas. Eis aqui outro sequestrador: o medo de ser diferente dos outros, de ser escarnecido pela «turma»; a vergonha de parecer ridículo, antiquado, moralista, criançola dominada por papai e mamãe. Por outras palavras, um sequestrador temível é esse tipo de vergonha que se chama *respeitos humanos*, e que põe uma venda preta nos olhos da razão. E eis aí como uma menina decente começa a mergulhar no brejo da liberdade sexual, que outra coisa não faz senão roubar-lhe a dignidade, prostituir-lhe a alma e torná-la cada vez mais incapaz de um verdadeiro amor. E a única razão para agir assim é que ela — tão «livre»! — está totalmente «presa» ao que muitas coleguinhas — pobres pedacinhos de carne em exibição e oferta — iriam pensar e dizer se não o fizesse. Só de imaginar as gozações que sofreria se soubessem que «ainda é virgem», fica tão aflita que não hesita em vender a alma, na base de aviltar o corpo: acorrentada pelas risadinhas das «amigas», acaba juntando-se a elas na mesma prateleira moral de carnes consumíveis. E diz que acha isso natural e *lógico*.

Em suma, *sequestradores* que nos roubam o raciocínio lúcido são as nossas fraquezas e misérias; as nossas covardias perante a moda e o ambiente predominante; a nossa idolatria do prazer a qualquer custo; os nossos medos (por exemplo, o medo da menina que cede a tudo pelo pavor de perder o namorado); os nossos egoísmos mesquinhos..., inimigos todos que abafam a razão. Há quem beba por vaidade (para não ser menos que os outros ou as outras); há quem se inicie em aberrações sexuais, contrárias à natureza (e que, racionalmente, lhe repugnam), porque lhe falta caráter para dizer *não* aos amigos que o convidam para ir a uma boate «muito especial»; há quem se deixe amordaçar pela curiosidade mórbida e a sexualidade solitária, porque se tornou cativo dos *sites* indecentes da Internet ou dos programas pornográficos noturnos da TV, e assim vira um autêntico «anormal», incapaz de raciocinar e de agir com domínio e liberdade.

Santo Agostinho, que esteve tão enredado no abuso dos prazeres corporais, dirigia-se assim a Deus, às vésperas da sua conversão: «Eu estava como que acorrentado, não por ferros alheios a mim, mas pelos do meu próprio amor agrilhoado. O demônio era dono da minha vontade, e dela fizera uma cadeia em que me mantinha prisioneiro. Pois a vontade má nasce da concupiscência (isto é, dos desejos desregrados) e quando se obedece aos desejos da carne, estes tornam-se costume; quando não se quebra esse costume, torna-se necessidade. Com tais elos, entrelaçados uns nos outros, fizera eu a cadeia com que o demônio me mantinha acorrentado à mais dura escravidão».

Quando o desejo de prazer espana, sempre se encontram mil «razões sem razão», mil explicações, até «científicas», para justificar o injustificável, e a lucidez da razão se apaga juntamente com a luz da consciência, como duas velas de cera que esgotam o pavio e se consomem. Então a razão lúcida é vista como engano e falsidade, e chega a ser temida e até odiada, como o pior inimigo: — «Não quero que me digam que estou errado!» — Se Deus não tem misericórdia dessa criatura, tudo está perdido.

A razão iluminada

A asa da razão lúcida, sem desprezar nenhuma das verdades que conquistou, quando voa em conjunto com a asa da fé, adquire uma altura e uma luminosidade superior, que lhe permite ver as verdades com uma clareza e profundidade antes insuspeitadas.

Já fizemos anteriormente uma menção à Encíclica de João Paulo II sobre «A fé e a razão». O Papa, nesse escrito filosófico, além de defender o valor da razão, propõe-se rebater o engano dos que julgam que existe antagonismo entre razão e fé, de modo que seria preciso deixar de lado a razão para poder aceitar plenamente as verdades da fé. Não, não é assim. Razão e fé vêm ambas de Deus, ambas são capacidades dadas à alma humana pelo mesmo Criador, para que possa conhecer e abraçar a verdade e o bem, que também procedem do mesmo Criador. A fé faz com que o olhar da inteligência humana se eleve, ganhe uma perspectiva mais completa e mais alta, e participe da clareza da própria visão de Deus. Como dizia um teólogo, ter fé não é fechar os olhos, mas *abri-los* mais, tomando emprestada a Deus a sua «capacidade visual».

Sempre me impressionou a oração de Santo Agostinho no livro dos *Solilóquios*, quando começava a ser atingido pelos primeiros raios da fé: «Eterna verdade, verdadeiro amor, amada eternidade! Ela é o meu Deus; por ela suspiro dia e noite, e, quando a conheci, levou-me consigo para que eu visse que existia aquilo que eu deveria ver e ainda não estava preparado para ver. Fez com que a debilidade dos meus olhos reflectisse a sua luz, dirigiu com força os seus raios sobre mim, e estremeci de amor, e ao mesmo tempo de temor, pois percebi que me encontrava longe dela, numa região estranha».

A fé é a *máxima* luz. E é importante projetar esse clarão — sobretudo o dos ensinamentos de Jesus Cristo — sobre a virtude da temperança.

Pensemos, por exemplo, no primeiro milagre que Cristo realizou nas bodas de Caná. Faltava vinho nessa festa de casamento. A pedido de Maria, sua mãe, o Senhor transformou a água em vinho, e a alegria da celebração — que estava periclitando pela imprevidência das famílias — não ficou nublada. Não se pode negar que foi um milagre simpático, carinhoso, profundamente «humano», pois a sua finalidade primeira foi a de manter a alegria festiva de uns convidados às bodas e evitar que os noivos sofressem vexame.

Esse milagre tão amável, porém, fala — a quem souber ouvir — de várias outras coisas muito interessantes. Primeiro, ao participar de uma festa de casamento e colaborar diretamente na sua alegria, Jesus deixa claro que abençoa o amor dos esposos e santifica o casamento com a sua presença. Segundo, vê-se claro também que Jesus gosta das alegrias sadias da gente honesta e simples e as favorece. Sim, em Caná, não nos custa nada imaginar Jesus sorrindo, ao lado de sua Mãe santíssima, perante a alegria das canções e danças populares que nunca faltavam numas bodas judaicas. Em resumo, a fé nos mostra que Jesus ama e abençoa os *prazeres simples* e *puros* do mundo, deste mundo que *foi feito por Ele*, como lembra São João no prólogo do seu Evangelho, deste mundo que *era bom*, como recordávamos, citando o Gênesis, e que só foi manchado pelo pecado do homem.

Somente quem percebe estas verdades é que pode entender por que Jesus, a alguns que quer ter mais perto do seu Coração e transformar em íntimos colaboradores da obra da Redenção da humanidade, lhes pede, sem que isso contradiga o anterior, a renúncia *voluntária* — alegre! — aos bens materiais do mundo e seus prazeres (*Vai, vende tudo o que tens e dá-o aos pobres* — como diz ao jovem rico; cf. Mt 19, 16-22), aos amores humanos limpos (*Aquele que, por minha causa, renunciar à mulher, aos filhos...* — diz a Pedro e aos outros onze Apóstolos; cf. Mt 19, 29) e à legítima liberdade de viver para planos pessoais *(Vinde após mim, e eu farei de vós pescadores de homens* — diz a Pedro, André, Tiago e João —, e eles, *deixando tudo, o seguiram*; cf. Mt 4, 18-22).

Nenhuma dessas renúncias é uma condenação de coisa alguma. Jesus não diz que casar-se seja mau (Ele que elevou o casamento à dignidade divina de Sacramento); nem que possuir e desfrutar honestamente dos bens da terra seja errado, desde que os compartilhemos com os outros; nem que sonhar com projetos pessoais seja condenável, quando na realidade é um dever sermos idealistas e lutadores. Ele diz, sim, que vale a pena renunciar com alegria a qualquer desses *bens* (que são bens mesmo) em troca de um *bem maior*, do grande ideal de seguir a Cristo pelo caminho do *Amor total* — com maiúscula e de dar a vida pelos nossos irmãos: *O Filho do homem não veio para ser servido, mas para servir e dar a vida para redenção de muitos* — dirá aos Doze (Mt 20, 28); e, na Última Ceia, sublinhará com força o motivo dessa renúncia, o amor: *Que vos ameis uns aos outros, como eu vos amei. Ninguém tem maior amor do que aquele que dá a vida pelos seus amigos* (Jo 15, 12-13). Este é o resumo da história de muitas vidas de doação generosa, que encheram de alegria a quem soube livremente esquecer-se de si mesmo e dar-se aos demais, e que iluminaram os caminhos da terra — como dizia São Josemaria Escrivá — «com o resplendor da fé e do amor». A lista radiante, sorridente e feliz de santas e santos que encarnaram essa bela doação de amor é interminável.

É assim que a razão plenamente *iluminada pela fé* adquire a capacidade de ver com os olhos de Deus, que é *Amor*. Com efeito, pela escada da fé que a eleva até Deus, a razão iluminada consegue atingir o seu cume, aquele cimo onde a verdade e o bem se fundem e identificam plenamente com o Amor. É a isso que a Sagrada Escritura dá o nome de Sabedoria. E esta Sabedoria é a grande luz divina que ilumina, aquece e fortalece a vontade, para que alcance a virtude do autodomínio.

A VONTADE E AS SUAS TRIBULAÇÕES

— Bem, amigo leitor que me acompanha, agora em silêncio, acho que a nossa incursão pelos três campos — as três faces — da razão estava ficando um pouco longa. Você teria toda a «razão» em ficar impaciente e perguntar: — E a vontade? Quando vamos meditar sobre a vontade?

— Na verdade, eu não ia perguntar isso, mas, uma vez que toca no assunto, acho ótimo entrar nele. Lembro que o senhor disse (e até repetiu mais de uma vez, porque já entendi que está utilizando a «psicologia reiterativa do anúncio») que não pode haver temperança se não houver um *raciocínio* lúcido sobre aquilo que é bom e equilibrado; e se, ao mesmo tempo, não houver uma *vontade* com domínio suficiente para seguir os ditames da razão. Sem raciocínio sereno, nada feito; mas sem a força da vontade, também nada, não é isso?

— Isso mesmo. Aliás, aquela definição do *Catecismo da Igreja,* que viemos comentando, fala sobretudo da vontade ao dizer que «a temperança assegura o domínio da vontade sobre os instintos e mantém os desejos dentro dos limites da honestidade». E conclui, citando a Bíblia, no livro do Eclesiástico: *a pessoa temperante não se deixa arrastar pelas paixões do coração.*

A vontade! Quantos já ouvi queixarem-se de que têm «uma vontade fraca»! Que acha você que querem dizer com isso?

— Que gostariam de fazer coisas boas, mas não conseguem, porque a vontade falha; são fracos e sentem-se frustrados.

— Certo. Dessa frustração falava São Paulo, assumindo na primeira pessoa a voz geral da humanidade decaída, no capítulo sétimo da Carta aos Romanos: *Não entendo, absolutamente, o que faço, pois não faço o que quero; faço o que detesto* [...]. *Não faço o bem que quereria, mas o mal que não quero* [...]. *Homem infeliz que sou! Quem me livrará deste corpo que me acarreta a morte?* Com essas palavras, mais do que uma confissão pessoal, fazia um diagnóstico do que acontece a muitos, e concluía agradecendo a Deus, que nos redimiu e nos deu a graça salvadora de Cristo, a força do Espírito Santo, com a qual nos tornamos capazes de vencer todas as tentações e de nos livrarmos do mal: *Graças sejam dadas a Deus, por Jesus Cristo, nosso Senhor!*

Não faço o bem que quero

Tendo em mente essas palavras de São Paulo, vamos imaginar uma pessoa boa que — depois de uma sincera conversão — se dispõe a orientar-se pela razão iluminada pela fé. Pense, por exemplo, em alguém que já acredita em Deus. É sincero e honesto e gostaria de ser um bom cristão; por isso, vai aprofundando cada vez mais na doutrina de Cristo e tenta levá-la à prática. Passado, porém, um certo tempo, a experiência prova-lhe que a certeza da razão e a luz da fé não lhe bastam, se a sua vontade estiver fraca. Enquanto não a fortificar, com a graça de Deus e o esforço pessoal, terá que gemer com São Paulo: *Não faço o bem que quero, mas o mal que não quero!*

Passe em revista, para ilustrar melhor esta verdade, alguns dos seus conhecidos. Por exemplo, aquele velho amigo de quarenta e cinco anos, que percebeu que devia terminar o «caso» com a colega de escritório, porque ama a esposa e os filhos e entende o valor da fidelidade; mas reincide na queda, e cada vez que escorrega se sente mal e se recrimina. Ou então aquela prima que resolveu parar de engolir chocolate a cada quinze ou vinte minutos e que afirma — lucidamente — que já viu a irracionalidade disso, que é uma estupidez, que é infantil, que só lhe faz mal...; mas, na hora «H», capitula vergonhosamente diante de um «sonho de valsa» — «meu Deus, não consigo!» — e depois se deprime com mais esse fracasso. Ou, ainda, lembre-se do estudante que é incapaz de se levantar da cama na hora certa, por mais que se tenha proposto isso mil vezes: perde aulas, perde notas e perde o ano; já foi ao médico, não tem doença nenhuma, mas não há meio de que cumpra o propósito que ele mesmo formulou.

Eu compararia essas pessoas a alguém que sobe no carro, tem claro o destino e conhece perfeitamente a estrada, mas, depois de ligar a ignição, percebe que o volante e o acelerador não lhe obedecem, faltam potência e controle.

Você não vê que esta situação se dá num número cada vez maior de pessoas?

— Vejo, se vejo! E acho que a causa está no descaso quase total com que se encara a formação da vontade na educação da juventude. Onde está a preocupação de formar homens e mulheres de caráter e de critério, capazes de autodomínio e perseverança?

— Deus lhe conserve a razão lúcida! Em duas pinceladas, você retratou o desfibramento da vontade que hoje se observa em muitas pessoas, adolescentes, jovens e velhos. Não têm capacidade, não têm forças para se *dominar* (para serem donos de si mesmos), e parecem incapazes de *perseverar:* dois sinais inequívocos — *autodomínio* e *perseverança* — da vontade forte e, portanto, do caráter bem formado.

— O senhor fala de caráter e eu penso que, em muitos ambientes atuais — dos quais acho que são padrão as nossas famigeradas telenovelas —, julga-se que ter caráter é ser «independente» de todos e de tudo, também de qualquer norma moral. Quer-se uma absoluta liberdade para que cada qual crie, estabeleça e defenda os «seus valores» (não «os valores», porque não se acredita em valores absolutos e universais; tudo é relativo). Todos percebemos qual é o resultado disso.

— Um resultado desastroso. Substitui-se a vontade pelos sentimentos e pelos gostos. Faz-se só o que se sente e o que se gosta, não o que é *bom*, porque, para essas multidões sem ideal nem vontade, só é bom o que «me dá prazer», o que eu «gosto de fazer»; só isso é «autêntico». Ora, sentimentos, gostos e prazer: nenhuma dessas três coisas é mão para o volante da vida. Deixe-se guiar por elas (desprezando a razão e a vontade que a secunda) e contribuirá para fazer da sociedade atual um imenso redemoinho de egoísmo, que devora as pessoas, as afunda no seu funil mortífero e as cospe depois, deprimidas e inúteis, para longe. Sem a razão e a fé, não pode haver ideal — porque só existem «apetites» e «ambições» e, sem ideal, nenhuma vontade pode tornar-se forte.

Estamos cansados de saber uma verdade que muitos nunca escutaram ou faz muito tempo que não escutam: a de que as pessoas menos livres do mundo são aquelas que julgam ser mais livres. Só fizeram na vida o que queriam e gostavam, até que se habituaram de tal modo aos seus caprichos que agora «só podem» fazer isso mesmo, estão com uma miastenia grave da alma, que lhes impede o menor movimento dos enfraquecidos músculos espirituais, incapacitados para se libertarem dos condicionalismos que eles mesmos criaram. Já falamos disto amplamente antes.

Tendo em vista esses equívocos, São Josemaria Escrivá pregava: «Temperança é espírito senhoril. Nem tudo o que experimentamos no corpo e na alma deve ser deixado à rédea solta. Nem tudo o que se pode fazer se deve fazer. É mais cômodo deixar-se arrastar pelos impulsos que chamam de naturais; mas no fim deste caminho encontra-se a tristeza, o isolamento na miséria própria. Há pessoas que não querem negar nada ao estômago, aos olhos, às mãos. Recusam-se a escutar quem as aconselha a viver uma vida limpa». Pelo contrário, «o homem verdadeiramente homem» está «livre das coisas que brilham, mas não têm valor [...]. Esse homem sabe prescindir do que faz mal à sua alma e apercebe-se de que o sacrifício é apenas aparente, porque, ao viver assim — com sacrifício —, livra-se de muitas escravidões e no íntimo do seu coração consegue saborear todo o amor de Deus».

A vontade é uma potência, uma energia da alma, que pode estar abafada ou liberada. Na situação concreta das nossas vidas, ninguém tem a vontade suficientemente «livre». É preciso que se trave em cada um de nós uma batalha para conseguir desatrelar a vontade das fraquezas, egoísmos, miragens, paixões e enganos, e torná-la no que deve ser: a grande força serena, a «executiva» racional da conduta humana. Vamos tratar justamente disto, do fortalecimento da vontade, e veremos que se opera por um duplo caminho: primeiro, forjando-a, como uma espada, na fornalha da *graça de Deus*. Depois, lutando por adquirir, com garra e mortificação, o *autodomínio*, que deixa a vontade expedita, em condições de agir conforme a razão, ou seja, de ser verdadeiramente livre.

E o coração?

Mas, antes de entrar nessas duas questões, gostaria de abrir um parêntese e fazer-lhe uma pergunta. Que acha?

— Por mim, acho ótimo; não sei se os seus leitores não vão reclamar de que está dando rodeios demais...

— Veja, o parêntese é para evitar impasses que se poderiam criar, mais adiante, por dúvidas que ficaram para trás. Concretamente, queria perguntar-lhe isto: — Como vê, estamos insistindo, martelando, na necessidade da *razão* e da *vontade*, como forças espirituais necessárias para praticar a temperança e, em geral, as virtudes. Você não nota que está faltando alguma coisa?

— Francamente, não atino com o que possa ser...

— E o coração? Onde deixamos o coração? Qual é o papel do coração? Será que não tem nenhum, e que temos de jogá-lo fora, de cambulhada com o sentimentalismo oco?

— É verdade. Viver só com a razão e a vontade seria um gelo...

— Então! Aí é que está o ponto. O coração faz parte da nossa personalidade — Cristo tinha um coração transbordante de amor e de vibração, que a Igreja venera com carinho e, portanto, num caráter bem formado, deve-se harmonizar o coração com a razão, com a fé e com a vontade. Senão, o ser humano ficaria mutilado, frio, e deixaria de seguir o exemplo de Cristo. Sem um coração grande e ardente — como o de Jesus —, não pode haver nem homem completo nem cristão.

— Quer dizer que, sem que o coração intervenha, a razão e a vontade não funcionam?

— Eu não o diria tão radicalmente; mas, de qualquer forma, não podemos esquecer que o papel do coração é importante tanto para ter uma *boa* razão, como para ter uma *boa* vontade.

— Como assim?

— Espere. Trataremos logo disso. Mas, primeiro, vejamos se estamos a falar da mesma coisa. Por coração, eu estou entendendo aqui o que a maioria das pessoas entende: a dimensão emocional e afetiva da nossa alma. Há em todos nós uma capacidade de emoções, de afetos, de sensibilidade, de entusiasmo, de paixão..., que é uma fantástica fonte de energia. Essa energia emocional é identificada pela filosofia clássica com o que os gregos e latinos chamavam de *paixões*. Alguns deles, como os estoicos, afirmavam que a perfeição consistia em submeter e abafar totalmente as paixões, de modo que só a razão guiasse e influenciasse a conduta humana. A «apatia», a impassibilidade (não paixão) era um ideal estoico: estar por cima da dor, da tristeza, da alegria, etc., não ligar para as paixões, desprezar a parte emocional.

Graças a Deus, não somos estoicos, mas cristãos. Nós valorizamos a emotividade, que faz parte das riquezas interiores do homem. Veja o que ensina a Igreja no seu *Catecismo*: «A perfeição moral consiste em que o homem não seja movido ao bem exclusivamente pela sua vontade, mas também pelo seu apetite sensível [pelas forças afetivas e emotivas]». É o contrário do que ensinavam os estoicos. Sem o coração, a vontade fica viúva, e as ações, imperfeitas. Sem as paixões (que se resumem em sete: amor, ódio, desejo, medo, alegria, tristeza, ira), a nossa vida moral murcha.

Tudo isso é completado por mais esta doutrina, límpida e bela: «As paixões — diz o *Catecismo* — são componentes naturais do psiquismo humano... Nosso Senhor indica o coração do homem como a fonte de onde brota o movimento das paixões». Ora bem, «em si mesmas, as paixões não são boas nem más... As paixões são moralmente boas quando contribuem para uma ação boa, e más quando se dá o contrário. A vontade reta ordena para o bem e para a bem-aventurança os movimentos sensíveis [as paixões] que ela assume; a vontade má sucumbe às paixões desordenadas e as exacerba». Santo Agostinho resume toda esta doutrina numa só frase: «As paixões são más se o amor é mau, boas se o amor é bom».

Ora, como garantir que as paixões sejam boas, de modo que contribuam para uma ação boa? Aqui é o momento de tocar alto um clarim, e voltar a proclamar — hoje faz tanta falta! — a primazia (não a exclusividade) da razão como motor da conduta reta. Deixemos falar de novo o *Catecismo*: «Faz parte da perfeição do bem moral ou humano que as paixões sejam reguladas pela razão». Ponto!

Quer dizer que as paixões não podem ser deixadas como forças cegas, que ofuscam a inteligência e arrastam a vontade como um tufão. Certas pessoas parecem ter deixado o coração subir-lhes à cabeça. Eu as imagino, plasticamente, como um coração enorme dando pulos em cima do cérebro até esmagá-lo. Pela paixão irracional, essas pessoas vão ao vício, pela paixão vão ao ódio mau e à ira má (que não são o ódio bom contra o pecado nem a ira boa contra a injustiça), pela paixão muitos vão a um casamento insensato, pois recusaram-se a pensar e a escutar pessoas equilibradas e experientes que lhes auguravam, com razões sólidas: «Isso não pode dar certo». Quer dizer, em suma, que estamos onde estávamos: razão e vontade, de braço dado e nunca separadas, é que levam à perfeição moral, com a contribuição do calor e do acabamento que lhes dão as boas paixões.

— Ótimo! Mas não sei se reparou que prometeu uma coisa que ainda não cumpriu...

— Eu?

— Não vai dizer que esqueceu. Uns parágrafos acima, o senhor prometeu que explicaria por que o coração é importantíssimo tanto *para a razão* como *para a vontade*. E, até agora, nada, ou quase nada...

— É verdade. Veja. Comecemos pela razão. Você não observou como o amor de uma mãe a torna capaz de perceber, no filho, coisas que ninguém mais percebe? Da mesma forma, o amor a Deus abre a inteligência para entender mais as coisas de Deus; e, quanto maior for a paixão e o entusiasmo com que as *desejarmos* e *meditarmos*, maior será a nossa profundidade racional de compreensão. Os grandes místicos, os grandes apaixonados por Deus, eram os que tinham mais condições — evidentemente potenciados pela luz que o Espírito Santo concede aos que amam — para «captar Deus», para «ver», com uma pura intuição intelectual, as maravilhas de Deus. É a paixão boa — juntamente com a graça — que torna a razão mais fina, penetrante, transparente.

E a vontade? Disso já fala o *Catecismo* que citávamos. Mas, para frisá-lo mais ainda, baste dizer que a experiência nos ensina que, quando há afeto, quando há entusiasmo, quando há paixão por uma coisa boa e bem pensada, parece que a vontade multiplica as suas forças, adquire uma potência inédita e faz ações estonteantes, que uma vontade sem coração jamais conseguiria realizar. A história está cheia de exemplos maravilhosos disto, desde a epopeia dos navegantes portugueses até a incrível aventura missionária de São Francisco Xavier na Índia e no Japão. Viu? Está satisfeito?

— Plenamente. Já vejo que daria para falar horas sobre estas coisas, que confesso, para mim, são temas empolgantes, mas creio que nos desviaríamos demais do assunto destas páginas. Por isso, sugeriria que voltássemos a falar dos meios de fortalecer a vontade, que já foram apontados anteriormente.

AS FORÇAS DA VONTADE

— Voltemos, sim. Como dizíamos? Lembra-se? Dizíamos que o fortalecimento da vontade se opera por um *duplo caminho*: primeiro, forjando-a, como uma espada, na fornalha da graça de Deus; depois, lutando por adquirir, com garra e mortificação, o autodomínio.

Estes dois pontos vão ocupar praticamente todas as páginas que nos restam até o final destas considerações. Mas, antes de abordar o primeiro, vou-lhe pedir, com certo constrangimento, que me permita abrir um novo parêntese.

— Mais um? Desculpe-me, mas não acha que está abusando? Olhe que, de parêntese em parêntese, acabamos por perder o fio da meada, justamente o que eu tentava evitar há um instante...

— Tem razão. Mas, mesmo assim — deixe que me justifique —, acho que você e os outros leitores vão desculpar-me se digo em meu favor que esta segunda digressão, só a faço para resumir de modo claro uns ensinamentos de São Tomás de Aquino — já mencionados no início desta obra —, que vão ser a pauta, o roteiro das próximas páginas. Senão, temo que algum outro leitor se desnorteie e aí, sim, me critique, dizendo, por exemplo: «Por que o senhor agora, ao falar da temperança, se concentra — tanto na exposição como nos exemplos —, quase que exclusivamente na *gula* e na *castidade*?... Não afirmou antes que várias outras coisas muito interessantes (como a mansidão, a modéstia, o descanso, o cuidado da forma física do corpo, etc.) entram dentro do campo dessa virtude?»

E, então, eu responderia: «Sim, é verdade, eu disse isso, mas também já disse que seria materialmente impossível tocar todas essas teclas no breve espaço deste caderno». Além disso, deixe-me recordar-lhe de novo que São Tomás de Aquino ensina que a temperança governa com as luzes da razão e da fé os desejos relacionados com a conservação do indivíduo e a conservação da espécie, ou seja, os referentes à comida e à bebida, e os referentes ao sexo; desejos, por certo, fortemente arraigados na natureza que, por proporcionarem um prazer intenso, atraem o homem com grande força e podem arrastá-lo facilmente para fora dos trilhos da razão e do bem.

Uma vez esclarecido isto, chega de rodeios e entremos em matéria.

A fornalha de Deus

O fortalecimento da vontade — dizíamos — consegue-se, antes de mais nada, forjando-a, como uma espada, na fornalha da graça de Deus.

Você já viu uma forja? Eu vi uma porção delas; inclusive, faz um ano, vi num sítio em Ibiúna uma dessas que são como braseiras portáteis e que se utilizam, carregadas numa *pick-up*, para preparar ferraduras novas para os cavalos em qualquer lugar, como quem troca o pneu de um carro no meio da rua...

Mas, seja como for, forja portátil ou enorme crisol da Cosipa, sempre é preciso aquecer o metal e deixá-lo em brasa para poder dobrá-lo, moldá-lo, «dominá-lo» à vontade e com facilidade. Tente dobrar ferro frio, e verá que não só é inútil como perigoso: o ferro vai quebrar.

Assim acontece com a alma. A frio, sem metê-la na fornalha da graça de Deus, pouco ou nada se consegue. A alma esforça-se..., mas quebra. Daí a necessidade absoluta que tem de alimentar-se constantemente das fontes da graça, que são os Sacramentos (sobretudo a Confissão e a Comunhão), de fortificar-se com a oração humilde, implorando a graça do Espírito Santo, e de merecê-la mediante o amor de Deus com que cumprimos os deveres diários.

Tudo isso — Sacramentos, oração, mérito das boas obras — nos obtém graça, traz-nos o «fogo» do Espírito Santo.

São Paulo via esta realidade cristã com uma clareza solar. Provavelmente, lembrava-se das palavras de Jesus — *sem mim, nada podeis fazer* (Jo 15, 5) — quando escrevia aos Coríntios: *Toda a nossa capacidade vem de Deus* (2 Cor 3, 5), e lhes expunha com confiança a sua experiência pessoal. Atormentado por um *aguilhão da carne* (talvez uma doença), que o perturbava muito, três vezes suplicou ao Senhor Jesus que o livrasse. *Mas ele me disse: Basta-te a minha graça, porque é na fraqueza que se revela totalmente a minha força* (cf. 2 Cor 12, 7-9). Por isso, com grande confiança, podia exclamar: *Posso tudo naquele que me dá forças!* (Fil 4, 13).

São Paulo entendeu perfeitamente que a santidade não é uma questão de musculação espiritual, como se tudo se resolvesse só na base de fazer força. Muitos dos que desanimam de chegar a vencer a gula ou a impureza, abatidos por frequentes reincidências, caem nesse pessimismo porque confiaram demais nas suas forças, e não se apoiaram em Deus, como deveriam ter feito desde o princípio. Esqueceram-se de que — como diz São Josemaria Escrivá — «toda a nossa fortaleza é emprestada».

É interessantíssimo acompanhar, nas *Confissões* de Santo Agostinho, as lutas e angústias que este santo tão humano experimentou, até conseguir controlar as paixões desregradas da gula e do sexo, paixões em que andara envolvido como em uma teia de aranha durante tantos e tantos anos. Cheio de humildade, reconhece nas suas *Confissões* que nunca chegou a controlar inteiramente a gula.

— Que consolo!

— Em termos. Lembre-se de que ele era muito humilde e exigente consigo mesmo... Por isso, uma pequena falha parecia-lhe enorme. Seja como for, vamos escutá-lo, encadeando citações da sua autobiografia espiritual: «Deus concede-nos muitas graças quando rezamos — escreve — e tudo que de bom recebemos, recebemo-lo das suas mãos [...]. Nunca fui beberrão, mas conheci muitos beberrões que se tornaram sóbrios graças a Deus: portanto, é obra de Deus que não se tornem bêbados os que nunca o foram; é obra de Deus que continuem a não sê-lo os que antes já foram; e é obra de Deus, finalmente, que uns e outros saibam a quem devem agradecê-lo».

Referindo-se ainda à gula, acrescenta um pouco mais adiante: «Vejo-me continuamente em tentações, e luto todos os dias contra a concupiscência do comer e do beber; não é coisa que se possa cortar de uma vez, mediante a firme decisão de não recair [...]. Quem é que não se deixa levar às vezes um pouco além do estritamente necessário? Quem nunca se deixa levar é um homem grande; que dê graças a Deus. Eu certamente não o sou, porque sou pecador; mas também dou graças a Deus porque pelos meus pecados intercede diante de Deus Aquele que venceu o mundo, Jesus [...]. A minha única esperança, a minha confiança é a misericórdia de Deus». — Bonito, não é?

— Tudo de Santo Agostinho mexe com o coração — suspira o leitor — porque ele era um coração enorme, um homem de um amor e uma sinceridade tocantes...

— Quanto às suas lutas para vencer o vício da sexualidade desordenada, o que conta também nos comove profundamente. É uma experiência que hoje poderia iluminar, modificar e encher de alegria os caminhos de muitos e de muitas.

As palavras decisivas de Santo Agostinho sobre a sua luta por ser casto e a experiência que daí tirou são as seguintes: «*Ninguém pode ser casto se Deus não lho concede*».

Mas Deus lho concedeu, porque o pediu com muita humildade e insistência, e se esforçou ao máximo para arrancar esses vícios, que tinham penetrado como raízes agressivas — por serem hábitos fortes — na sua carne, na sua sensibilidade e na sua alma.

Transcrevo agora mais alguns trechos das *Confissões*, que nos fazem assistir às emoções desse grande combate. Quando Agostinho já estava decidido a fazer-se cristão e a mudar de vida, sentia que as velhas paixões, «minhas antigas amigas, puxavam-me pela minha roupa de carne e me diziam em voz baixa: "Queres deixar-nos? Já não estaremos mais contigo, nunca, nunca? A partir de agora, nunca mais poderás fazer isto..., nem aquilo?"» E Agostinho estremecia, mas reagia, pensando no exemplo de muitos cristãos de todas as idades que viviam bem a castidade, e dizendo-se a si mesmo: «Por que não hás de poder tu o que estes e estas puderam? Achas que eles e elas o podem com as suas próprias forças? Não é antes com a força do Senhor que podem? [...] Por que procuras apoiar-te em ti mesmo, se não consegues sequer permanecer em pé? Joga-te nos braços de Deus, não tenhas medo; Ele não se retirará para que caias; joga-te, na certeza de que Ele te receberá e te curará».

E assim foi. Deus curou-o e ele tornou-se exemplarmente casto, a ponto de poder afirmar, muitos anos depois, com a maior simplicidade, que não se lembrava de ter cedido a mais nenhuma tentação carnal. Por isso exclamava, agradecido e confiante: «Amor, que sempre ardes e nunca te apagas! Amor, meu Deus, acende-me! Mandas-me viver a continência? Dá-me o que me mandas e manda-me o que quiseres».

Quinze séculos depois, a experiência cristã continua a ser a mesma, de maneira que os santos não mudaram de parecer e ensinam exatamente o que Agostinho ensinava: «Não se pode ter uma vida limpa sem a assistência divina — dizia São Josemaria Escrivá —. Deus quer que sejamos humildes e peçamos o seu socorro [...]. Não é possível separar a pureza, que é amor, da essência da nossa fé, que é caridade, o renovado enamorar-se de Deus que nos criou, que nos redimiu e que nos toma continuamente pela mão». Em consequência, aconselhava, como meios principais para viver a castidade, «a frequência dos Sacramentos, de modo particular a Confissão sacramental, o trato assíduo com o Senhor através da Eucaristia, uma terna devoção a Nossa Senhora, para que Ela nos obtenha de Deus uma vida santa e limpa».

Ao mesmo tempo, indicava como meios para vencer as tentações e firmar a castidade, entre outros, «a *temperança*, a *mortificação* dos sentidos e a *penitência*». Estes conselhos pertencem já à segunda vertente da luta por conseguir uma vontade forte: a *mortificação* que leva ao *autodomínio*.

— Confesso que estava impaciente por ouvi-lo frisar que, por mais que rezar seja imprescindível, insubstituível, prioritário, a oração não dispensa o esforço pessoal... Acho que não dá só rezar e, depois, ficar na rede...

— Evidente! Precisa-se de um esforço, de uma luta constante por alcançar o domínio de si mesmo, uma luta praticada sobretudo por meio da mortificação... Assim correspondemos à graça, à assistência que Deus nos dá. Mas, amigo leitor, veja o índice desta obra, pois é disso mesmo que vamos tratar no próximo capítulo.

— Como me diz que veja o índice, se ainda «estamos» escrevendo esta obra...?

— Deixe de brincadeira! Você e eu já estamos com o livrinho impresso nas mãos...!

Autodomínio e mortificação da gula

Quando São Paulo escreve ao seu colaborador Tito, colocado por ele à frente das comunidades cristãs da ilha de Creta, fala-lhe das maravilhas da graça do Espírito Santo, que nos foi dada como fruto do Sacrifício redentor de Jesus Cristo na Cruz, e diz: *Com efeito, a graça de Deus manifestou-se para a salvação de todos os homens. Ela nos ensina a abandonar a impiedade e as paixões mundanas, e a viver neste mundo com autodomínio, justiça e piedade, aguardando a nossa bendita esperança, a manifestação da glória do nosso grande Deus e Salvador, Cristo Jesus* (Tit 2, 11-13).

Nós, cristãos, já no Batismo recebemos a graça como um puro dom divino. Com ela, o Espírito Santo nos ajuda, nos guia e nos ensina o caminho do amor. É muito interessante que São Paulo coloque como uma das primeiras lições práticas desse caminho *abandonar as paixões mundanas, e viver neste mundo com autodomínio*.

Bastaria isso para nos darmos conta da importância que Deus concede ao autodomínio (à temperança, à sobriedade), não porque seja a virtude principal, pois a primeira de todas, sem dúvida alguma, é a caridade, ou seja, o amor — *se não tiver amor*, diz o próprio São Paulo, *nada me aproveita* (1 Cor 13, 3) —; mas porque o autodomínio é uma «condição» prévia para tudo, da mesma forma que o é a humildade. Sem autodomínio, a vontade fica inconsistente e, em cima dessa base quebradiça, qualquer outra virtude que se queira edificar afunda-se. Por isso mesmo, desde o começo do cristianismo deu-se um valor inestimável ao domínio próprio — sempre com o auxílio da graça divina —, à temperança, à sobriedade. Jesus começou dando-nos exemplo com os seus quarenta dias de jejum no deserto, antes de iniciar a vida pública.

É interessante, neste sentido, verificar que, na mesma carta a Tito, a primeira coisa prática que São Paulo pede aos anciãos, responsáveis por comunidades cristãs, é que sejam *sóbrios*; e, aos jovens, que sejam *morigerados*, moderados (Tit 2, 2.6). Como diriam os antigos, é coisa digna de se notar.

E, falando dos antigos, você sabe quem é João Cassiano?

— Nunca ouvi falar.

— É pena. Foi um monge cultíssimo, do século V, em parte contemporâneo de Santo Agostinho, abade de um mosteiro fundado por ele mesmo em Marselha e o primeiro autor sistemático de livros de espiritualidade cristã em latim, a língua falada na época no Ocidente. São famosas, e frequentemente reeditadas, as suas obras *Instituições monásticas* e *Conferências* («*Collationes*»). Pois bem, no livro quinto das *Instituições*, falando da santidade, diz o seguinte: «O primeiro combate que devemos empreender é contra o espírito de gula, contra a concupiscência da excessiva comida e bebida». Muito insiste em ambos os livros na importância da moderação, da abstinência e da prática cristã do jejum, mas tem uma mente suficientemente esclarecida para perceber que esses atos de autodomínio em matéria de comida e bebida não são um fim em si mesmos, são apenas meios; imprescindíveis, mas meios. Para quê? Veja a explicação: «É preciso frisar que a abstinência corporal não tem outra razão de ser senão conduzir-nos à pureza do coração». Aqui Cassiano fala do coração em sentido bíblico — o que é o mais comum entre os autores espirituais —, isto é, como sinônimo da alma, da mais profunda interioridade espiritual do ser humano.

Avançando alguns séculos, cheguemos até um dos principais escritores de espiritualidade em língua portuguesa, o pe. Manuel

Bernardes. Quem não ouviu falar desse autor clássico dos séculos XVII-XVIII, que muitos colocam no nível do pe. Antônio Vieira? Também o pe. Bernardes, na sua famosa obra *Nova Floresta,* pergunta: «Sendo certo que o primeiro passo da vida espiritual é sair-se da cozinha e despensa, que progressos na vida espiritual suporemos tem feito quem tiver o coração na cozinha e despensa?»

— Essa é boa! Apanhou-me. Eu me pego pensando na comida e bebida — o que vou comer hoje em casa ou na lanchonete; que «porcaria» vou comprar no shopping; que cerveja vamos tomar na *happy hour* —, e pensando na despensa (estou certo de que atualmente o pe. Bernardes falaria da geladeira); todas as noites, antes de ir para a cama, dou uma passadinha pela geladeira e, às vezes, se custa dormir, levanto-me no meio da noite e lá vou de novo me lamber, como um gato após um bom repasto. E sabe que todas as manhãs, logo ao levantar, tomo sem falta o meu suco de laranja, cenoura, beterraba e mel? Será que tenho o coração na cozinha e na despensa?

— Bem... Não creio que muito, não, só um pouquinho. Mas é provável que, se você e eu parássemos um pouco para refletir, nos assustasse verificar que o nosso coração está, muitas vezes, mais apegado aos prazeres da comida e da bebida do que, por exemplo, à dedicação carinhosa e cheia de iniciativas à nossa família, às boas amizades e, o que é mais sério, a Deus. Eu também, às vezes, me pego sonhando na sobremesa de um dia de celebração especial... Que vergonha!

Mas prossigamos. Lembra-se com certeza de que começamos estas páginas analisando quatro tipos de gulosos, maníacos por comida e bebida, e de vários deles ponderamos, com tristeza, que «viviam para comer, e não comiam para viver». Não vamos agora insistir nas considerações já feitas. Vamos limitar-nos a formular uma pergunta: — «Que posso fazer para não ser escravo da gula?»

Toda a vida da alma fica prejudicada se a gula nos domina. Lembro-me de que, quando era criança, no colégio nos incutiam esta verdade por meio dos versos ingênuos de uma fábula, cujo autor já não saberia recordar: «A um favo de doce mel/ dez mil moscas acorreram,/ que, por gulosas, morreram,/ presas as patas no mel.// Outra, em gostoso pastel/ enterrou-se, e lá se fina./ Assim, se bem se examina,/ os humanos corações/ vão morrendo nas prisões/ do vício que as domina».

— Para ser franco, não é «aquela grande poesia»..., mas faz pensar.

— Sim. Faz pensar que é preciso «desgrudar as patas do mel». E isso, só se consegue com a mortificação, sabendo dizer *não* e renunciando com alegria — ainda que custe — a uma série de prazeres, porque vale a pena como meio para alcançar um bem maior, que é o autodomínio. Com isto entramos em cheio na pergunta que formulávamos: — «Que posso fazer para não estar dominado pela gula?»

Uma boa resposta está nestas palavras do livro *Caminho*, de São Josemaria Escrivá: «Vontade. É uma característica muito importante. Não desprezes as pequenas coisas, porque, através do contínuo exercício de negar e te negares a ti próprio nessas coisas — que nunca são futilidades nem ninharias —, fortalecerás, virilizarás, com a graça de Deus, a tua vontade, para seres, em primeiro lugar, inteiro senhor de ti mesmo...» É por aí que se vai vencendo a tirania da gula... e de tantas outras coisas.

Olhe. Achei muita graça num «teste de sobriedade» que os monitores de um clube para garotos de 10 a 12 anos aplicavam aos meninos. Queriam ajudá-los a ter uma formação integral, e sabiam que não a poderiam dar se descurassem a autodisciplina dos rapazinhos, se não os fossem limpando de caprichos e «vontades», ensinando-lhes a praticar o domínio próprio, na base da mortificação. O teste fazia, entre outras, as seguintes perguntas:

— Assalto a geladeira logo que chego a casa, à tarde ou à noite?
— Faço as refeições com um refrigerante bem gelado e, evidentemente, nunca com água natural potável?
— Estabeleci uma lista de comidas *tabus* que não como nunca?
— Se a minha mãe serve uma dessas comidas, reclamo na hora?
— Digo mais de sete vezes ao dia «não gosto», «não estou com vontade»?
— Compro no mínimo um chiclete por dia?
— Reclamo energicamente se a sopa está muito fria ou muito quente?

O teste dos adolescentes serve também, em boa parte, para adultos. Com certeza, porém, servem «totalmente» para os adultos diversos conselhos que dava São Josemaria Escrivá. Selecionados de várias das suas obras, sem ordem especial, eu vou classificá--los para melhor nos entendermos:

Primeiro: «Habitualmente, comes mais do que precisas. — E essa fartura, que muitas vezes te produz lassidão e mal-estar físico, torna-te incapaz de saborear os bens sobrenaturais e entorpece o teu entendimento. — Que boa virtude, mesmo para a terra, é a temperança».

É verdade que habitualmente muitos comem bem mais do que precisam, e a digestão pesada não é, decerto, a melhor ajuda para permanecer acordado, de bom humor, e para trabalhar. Mas a coisa vai mais longe, e eu vou pedir licença para inserir aqui uns comentários um pouco extensos, mas muito finos, de Gustave Thibon. Este filósofo francês, pai de família e agricultor, faz um diagnóstico arguto da nossa sociedade de consumo:

«A civilização moderna — escreve — cultiva todos os nossos desejos, mas não cuida de ensinar-nos o bom uso dos bens que desejamos». Passa a falar da gula, e diz: «Toda a boa digestão exige duas condições: primeiro, o discernimento, que consiste em não comer qualquer coisa, e segundo, a moderação, que consiste em não comer demais. A glutonaria cega produz a inapetência, após o que a doença e o médico não demoram em impor--nos um regime incomparavelmente mais severo. Se não soubermos unir a abundância exterior com a disciplina interior, a própria abundância nos será arrebatada».

Focaliza também este autor a situação de tédio que o consumismo provoca:

> «Não é a falta de alimento a causa do tédio, mas a inapetência. E o que cria a inapetência é a saciedade. O tédio é como uma toxina segregada pela abundância mal assimilada».

> «A pior miséria do homem não é a de não ter nada, mas a de não querer nada. Então, procura um remédio para a inapetência, não no jejum, que lhe devolveria o gosto pelos verdadeiros alimentos, mas em excitações artificiais, cujo efeito se apaga rapidamente, pois, ao não corresponderem a nenhuma necessidade material, agravam

em profundidade o mal que parecem aliviar superficialmente, o que acaba exigindo meios ainda mais adulterados e mais nocivos. É assim que se opera a "escalada" da falsa evasão, até se chegar ao recurso da droga, desfecho normal dessa fuga para o irreal, em que o homem encontra um último refúgio contra o tédio na dissolução da sua personalidade. Se, conforme a expressão forte do catecismo, a condenação eterna consiste em *perder a alma*, os paraísos artificiais são já aqui uma prefiguração do inferno».

É uma pena que tantos tenham esquecido que a moderação — a temperança —, além de trazer bem-estar físico e saúde, tem outra consequência extremamente agradável, que São Josemaria resume assim: «Não reparaste que as almas mortificadas, pela sua simplicidade, até neste mundo desfrutam mais das coisas boas?» Para quem não se abandona à gula no comer e no beber, para quem não abusa, as pequeninas «novidades» à mesa, os pequenos «extras» num aperitivo, num restaurante, numa festa ou numa viagem, trazem uma bela alegria, um sabor singelo de surpresa; mas esses mesmos alimentos e bebidas só causam nojo ou passam despercebidos a quem deles já está saciado.

Segundo: «Ao corpo — diz também São Josemaria —, é preciso dar-lhe um pouco menos do que o necessário. Senão atraiçoa».

Outro bom conselho. Esse «menos do que o necessário» nada tem a ver com greve de fome nem com atentado contra a saúde. Fala de algo que os médicos e os nutricionistas estão cansados de saber: quem se levanta da mesa sentindo-se totalmente satisfeito, com certeza comeu demais; quem se levanta com um pouco de fome — porque evitou carregar a mão, porque não repetiu sem necessidade — está no ponto certo. Essa moderação lhe fará bem à saúde e à alma.

Muitos médicos e nutricionistas vão além e, por caminhos puramente técnicos, reencontram a antiquíssima prática espiritual do *jejum*, que, por sinal, ajudou inúmeros monges a alcançar idades muito avançadas. «Pratique o jejum — aconselham —, experimente um dia por semana, ou um dia por mês, no mínimo, ficar só tomando líquidos e uns poucos gramas de alimento sólido; não tema, não vai morrer; pelo contrário, esse jejum vai purificar o seu organismo, e você se sentirá muito melhor».

Os cristãos, desde a época dos Apóstolos, tinham a experiência de que o jejum, praticado com sensatez, purifica a alma. Por isso, atos ou decisões importantes eram muitas vezes preparados com um jejum. Os Atos dos Apóstolos contam, por exemplo, que, na igreja de Antioquia, *celebravam o culto do Senhor depois de terem jejuado* (At 13, 1), e que quando o Espírito Santo envia Barnabé e Paulo para missões na Ásia Menor, *jejuando e orando, impuseram-lhes as mãos e se despediram deles* (At 13, 3). Acabada essa primeira missão, *em cada igreja instituíram anciãos e, após orações com jejuns, encomendaram-nos ao Senhor, em quem tinham confiado* (At 14, 23). Como se vê, o jejum era habitual.

Hoje, a lei eclesiástica do jejum ficou reduzida à mínima expressão. No Brasil, por exemplo, só são dias obrigatórios de jejum e abstinência a Quarta-feira de Cinzas e a Sexta-feira da Paixão e Morte de Cristo. Nestes dois dias, além da abstenção de carne e derivados de carne, os fiéis limitam-se a fazer uma única refeição normal ao dia, e mais dois pequenos lanches ou *colações*. Não é para ninguém ficar doente. Ao contrário, essa benignidade da lei da Igreja (que prescreve, contudo, outras formas de penitência de livre escolha para todas as sextas-feiras do ano) deveria ser um incentivo para aderir voluntariamente ao jejum com mais frequência. Oferecido a Deus, esse sacrifício nos ajudaria a purificar os pecados e, especialmente na Quaresma, a unir-nos com mais amor aos padecimentos de Cristo na Paixão.

Terceiro: «No dia em que te levantares da mesa sem teres feito uma pequena mortificação, comeste como um pagão».

Este é um conselho que faz meditar. Refere-se a coisas pequenas — «uma pequena mortificação» — que são o teste das grandes. Como diz o mesmo autor: «"Não pudeste" vencer nas coisas grandes, porque "não quiseste" vencer nas coisas pequenas».

O autodomínio consegue-se vencendo-se nessas aparentes insignificâncias, «que nunca são futilidades nem ninharias»: comer um pouco mais do que menos gostamos; comer um pouco menos do que mais nos agrada;

deixar vez ou outra a sobremesa; lutar para não «beliscar» aqui e além, por mera gula, fora dos horários das refeições e — sobretudo no caso de estudantes — não cair na fraqueza de comprar e comer «porcariazinhas» em todos os intervalos (há meninas que seguem o lema: «Nenhum intervalo sem chocolate»); prescindir um dia ou outro do açúcar no café ou no café com leite; vencer a vontade de repetir café, bolo ou sorvete; diminuir o uso de refrigerantes (você sabia que os jovens brasileiros bebem quatro bilhões de litros de refrigerante por ano?). Como seria bom dizer: «Não vou beber refrigerante em toda a Quaresma»! Também evitar queixas sobre a comida, a não ser que sejam precisas para corrigir defeitos notáveis; atrasar um pouco a bebida, quando estivermos com sede; deixar de ter comidas «banidas» por puro capricho ou mania e animar-nos a tomar pelo menos um pouco delas...

E não digo nada das bebidas...

— Refere-se às alcoólicas?

— Sem dúvida. Você bem sabe que onde mais se nota a deficiência na formação do autodomínio da gente jovem é no álcool e nas drogas. Desde a primeira adolescência, são muitas as meninas e meninos que têm que ser carregados, embriagados, depois de uma festinha, de uma «balada»: emborcaram litros de cerveja, misturados com vodca, tequila e outros quejandos, com os aditivos — não é novidade para você — de cigarros de maconha e pó de cocaína. Há pais ingênuos que levam pela mão os filhos adolescentes a esses lugares (não querem que se revoltem e os chamem de antiquados!), sem suspeitar que os estão atirando no atoleiro do etilismo e da toxicomania.

O que é preciso? Valorizar o autodomínio muitíssimo mais — muitíssimo mesmo! — do que hoje em dia se faz. Aprender o valor da mortificação. Exercitar-se diariamente, desde a infância e a adolescência, em pequenas mortificações (também as relativas à ordem nas roupas e gavetas; à pontualidade nos horários, especialmente à hora de levantar e de dormir; aos tempos razoáveis e autodefinidos — com limites bem claros — de assistência à TV, de navegação na Internet, de entreter-se com videogames, etc.). Sem isso, sem essa disciplina, não há formação, não pode haver caráter nem se pode forjar uma personalidade verdadeira; sem isso, nunca se conseguirá que os jovens — que logo se tornarão adultos — sejam donos de si mesmos.

Ao que acabamos de considerar, um cristão acrescenta mais um motivo. A mortificação é a «oração dos sentidos». Com ela, lutamos por agradar mais a Deus, evitando o que lhe desagrada (por exemplo, a mortificação da curiosidade mórbida, sensual); esforçamo-nos por praticar as virtudes (como, por exemplo, a constância ou o domínio da língua), e queremos associar-nos, ainda que muito de longe, à Paixão de Jesus, oferecendo os nossos pequenos sacrifícios em reparação dos nossos muitos pecados e — com amor delicado a Cristo — em petição e desagravo por tantas almas desorientadas que ofendem gravemente Nosso Senhor todos os dias.

Autodomínio e castidade

— Você vê, leitor meio cansado, que estamos chegando ao final destas nossas reflexões.

— Não vejo, mas se o senhor diz...

— Não vê, mas podia prever. Antes dizíamos que só nos deteríamos nas partes principais da temperança — como diz São Tomás de Aquino —, ou seja, nas duas espécies de temperança propriamente dita: a moderação dos desejos da gula; e a moderação dos desejos sexuais. Sobre comer e beber, falamos amplamente. Temos ainda de falar do sexo.

— É interessante, e acho que hoje faz uma falta enorme dar esclarecimentos sobre este assunto.

— Estou plenamente de acordo e, ao mesmo tempo, sentindo um mal-estar inevitável.

— Por quê?

— Pelo seguinte. Falar do controle da gula é mais fácil que falar do controle do sexo. Todos «podem» entender que comer e beber demais faz mal, mas nem todos entendem que «moderar» o sexo e orientá-lo por ideais elevados seja um grande bem. Para ajudá-los a compreender, seria preciso expor bastante extensamente as noções antropológicas e teológicas que centram o tema do sexo na sua verdadeira perspectiva. Infelizmente, isso não é mais possível nestas páginas, que devem ser breves. Precisaríamos, no mínimo, de um livrinho igual a este. Por isso, peço ao leitor que me perdoe se começo estes parágrafos convidando-o a ler alguns livros, excelentes todos, sobre estas matérias, que cito em nota de pé de página*.

Em todo o caso, o que me parece possível e conveniente é esboçar as linhas mestras do *ideal humano e cristão do sexo*.

Alguns acham — como já mencionávamos — que a Igreja vê o sexo com desconfiança, e pensam que se arrepia toda ao pensar no sexo, achando que tudo é pecado. A verdade é outra. A Igreja treme de respeito e de veneração diante da grandeza do sexo, dom de Deus ao homem, um bem concedido para ser expressão de um amor grande, eterno e verdadeiro — reflexo do Amor divino — e uma participação consciente no poder criador de Deus. A fé cristã, por assim dizer, não sofre por medo do sexo, sofre, sim, por medo de que o sexo, uma realidade tão boa e bela, tão divina, possa ser profanado. Bem sabe a Igreja que, nos dias atuais, o sexo é cada vez mais aviltado.

(*) Ver André Léonard, *Cristo e o nosso corpo*, 2ª ed., Quadrante, São Paulo, 2017; Cormac Burke, *Amor e casamento*, 2ª ed., Quadrante, 2017; Rafael Llano Cifuentes, *270 perguntas e respostas sobre sexo e amor*, 2ª ed., Quadrante, 2017; *idem*, *As crises conjugais*, Quadrante, 2001.

Nelson Rodrigues, que não foi exatamente um pregador puritano, reconhecia essa degradação do sexo com a sua expressividade característica: «No dia em que o sujeito perder a infinita complexidade do amor, cairá automaticamente de quatro, para sempre. Sexo como tal, e estritamente sexo, vale para os gatos do telhado e os vira-latas de portão. Ao passo que no homem o sexo é amor. Envergonha-me estar repetindo o óbvio. O homem começou a própria desumanização quando separou o sexo do amor».

Perdido o sentido da vida, perdido o norte do Amor de Deus e esquecida a grandeza da nossa condição de filhos de Deus chamados à santidade e à vida eterna, o sexo torna-se uma «coisa», objeto de consumo e desfrute; rebaixa-se ao nível da cerveja, do vinho, do cigarro, dos *waffles*. Reduz-se a objeto para desfrutar e jogar fora, quando foi usado. Por mais que se cerque da retórica romântica do amor e da paixão, o sexo de telenovela — que é o sexo de boa parte da sociedade — é puro egoísmo, triste consumismo trivial e efêmero. O surpreendente é que pessoas que praticaram o sexo com essa mentalidade, quando um dia amam — ou acham que amam — de verdade, se espantem da sua incapacidade de «manter» esse amor. O casamento não faz milagres. O egoísta continua a ser egoísta; o intratável, intratável; o trapaceiro, mentiroso como sempre foi.

Há todo um rebaixamento da grandeza e da dignidade divina do ser humano, que certas psicologias de moda (muitas delas já emboloradas de velhas), certas sociologias massificantes, certas pedagogias aleijadas e, ainda, um tipo cada vez mais comum de religiosidade — feita de agnosticismo, esoterismo, sentimentalismo barato, coquetel *new age* e ignorância —, se encarregam de apequenar cada vez mais.

Neste mar da ignorância e critérios deformados, o mais fácil é seguir a correnteza. «Hoje todos pensam assim, outra coisa é atraso, é não perceber a evolução dos tempos, dos costumes e da moral» — cacarejam os ignorantes enfatuados. Bem lhes poderia responder um filósofo pagão dos tempos do imperador Nero, o famoso Sêneca, que dizia há quase dois mil anos, escrevendo a Lucílio: «Uma das causas dos nossos males é que vivemos por imitação dos outros, e em vez de nos governarmos pela razão, deixamo-nos levar por aquilo que é costume. As coisas que não quereríamos imitar, se as fizessem poucos, mal começam a fazê-las muitos, nós as seguimos, como se o fato de serem mais frequentes as tornasse mais honoráveis; até o erro temos na conta de retidão quando se tornou generalizado».

A doutrina católica tem tido a virtude de manter acesa a tocha da verdade e da pureza, resistindo contra ventos e furacões em defesa da grandeza do homem, do valor da vida e da dignidade do sexo. É difícil resumir em poucas palavras o riquíssimo ensinamento da Igreja. Vou tentar fazê-lo, com a menor extensão possível, citando trechos do substancioso documento do Conselho Pontifício para a Família, intitulado *Sexualidade humana: verdade e significado* (1995). É uma excelente orientação para pais e educadores, que pode ser encontrada em qualquer livraria decente, e que recolhe muitos ensinamentos de João Paulo II:

O ser humano, enquanto imagem de Deus, é criado para amar. Criando-o à sua imagem, Deus inscreve na humanidade do homem e da mulher a vocação e, assim, a capacidade e a responsabilidade do amor e da comunhão. A pessoa é, portanto, capaz de um tipo de amor superior: não o amor de concupiscência, que vê só objetos com que satisfazer os próprios apetites, mas o amor de amizade e oblatividade, capaz de reconhecer e amar as pessoas por si mesmas. É um amor capaz de generosidade, à semelhança do amor de Deus; quer-se bem ao outro porque se reconhece que é digno de ser amado. É um amor que gera a comunhão entre as pessoas [...].

Quando tal amor se realiza no matrimônio, o dom de si exprime, por intermédio do corpo, a complementaridade e a totalidade do dom; o amor conjugal torna-se, então, força que enriquece e faz crescer as pessoas e, ao mesmo tempo, contribui para alimentar a civilização do amor; quando, pelo contrário, falta o sentido e o significado do dom na sexualidade, acontece uma civilização das «coisas» e não das «pessoas»; uma civilização em que as pessoas se usam como se usam as coisas. No contexto da civilização do desfrute, a mulher pode tornar-se para o homem um objeto, os filhos um obstáculo para os pais.

É, sem dúvida, um amor exigente. Mas nisto mesmo está a sua beleza: no fato de ser exigente, porque deste modo constrói o verdadeiro bem do homem e irradia-o também sobre os outros.

Tudo isto exige o *autodomínio*, condição necessária para ser capaz do dom de si. As crianças e os jovens devem ser encorajados a estimar e praticar o autocontrole e a renúncia, a viver de modo ordenado, a fazer sacrifícios pessoais, em espírito de amor de Deus, de autorrespeito e de generosidade para com os outros, sem sufocar os sentimentos e as tendências, mas canalizando-os numa vida virtuosa.

Que achou destes trechos?

— Que dão matéria de reflexão para muitas horas, para muitos dias... Ouvir essa doutrina é como entrar num maravilhoso mundo, hoje praticamente desconhecido.

— Não é desconhecido. Já os primeiros cristãos praticavam a castidade de um modo que os pagãos admiravam, eles que viviam entregues a toda a sorte de devassidões. Alguns cristãos foram denunciados e levados aos tribunais romanos precisamente porque eram castos: só isso já constituía um cartão de identidade.

Não se esqueça nunca, ao pensar nestes ideais cristãos, de que a castidade é uma virtude. Não nasce sozinha. Como todas as virtudes, deve forjar-se — no cadinho onde se fundem a graça de Deus e o esforço pessoal — mediante a nossa luta por ordenar as paixões e por guiar-nos pela razão e pela fé, coisa que, como no caso da gula, é impossível sem a mortificação.

No mundo atual, fortemente erotizado, é evidente que a mortificação se torna ainda mais necessária. Por toda a parte — gente na rua, *outdoors*, espetáculos, jornais, revistas, livros, moda feminina, Internet — há uma agressão contínua à castidade, uma estimulação artificial e massiva da fisiologia, da simples genitalidade animal, sem o menor contexto de grandeza e amor. Sexo pelo sexo. Sexo como consumo e prazer. Faz pouco, um grande jornal de São Paulo publicou a resenha do penoso livro de uma jovem autora francesa, Lolita Pille, de 21 anos. Nessa obra, intitulada *Hell Paris 75016*, a autora conta que, desde a primeira adolescência, mergulhou no mundo do consumismo materialista (compras, compras, compras...), da droga e do sexo, deixando-se arrastar pela «correnteza social» sem a menor resistência. Um comentarista, também francês, sintetizava o vácuo total dessa vida, com estas palavras: «Ela cheira, ela bebe, ela queima. Mas, sobretudo, ela se atormenta». E essa quase adolescente, que só vive (que tenta, em vão, viver) para o prazer, «vomita», com uma franqueza arrepiante, a seguinte confissão: «O mundo real é pequeno, e o meu também». Que pena! Na idade dos grandes ideais, do coração magnânimo, dos sonhos de bondade e das ânsias de generosidade, essa menina-padrão do aniquilamento consumista reduziu o mundo ao círculo minúsculo, mesquinho e enfastiado do seu prazer exausto e já esgarçado.

Quem é que alimenta esse ambiente animalizado e estéril? É coisa sabida que a indústria da pornografia fatura mais do que a das drogas; e que «mata» corpos e, sobretudo, almas, mais do que a droga. Perante esse panorama, é preciso reagir, se queremos resgatar a nossa condição de seres humanos. «É necessária —

dizia há anos São Josemaria Escrivá — uma cruzada de virilidade e de pureza que enfrente e anule o trabalho selvagem daqueles que pensam que o homem é uma besta. — E essa cruzada é obra vossa».

O papel da mortificação, nesta batalha, é mais do que nunca o «não» sereno e corajoso, absolutamente necessário para poder dizer «sim» à beleza, à grandeza e à dignidade do amor; à grandeza, em suma, da alma e do corpo dos filhos de Deus. Por isso, da mesma forma que devo dizer um «não» rotundo à droga, para dizer «sim» à vida, tenho que saber dizer o mesmo «não» a esses estímulos degradantes, para dizer «sim» ao amor, à beleza da sexualidade integralmente humana, própria de um filho de Deus.

Daí a necessidade do autocontrole, que a Igreja nos aconselha como meio necessário — contando sempre com a força dos Sacramentos e da oração — para manter, como diria o mesmo santo, «a juventude do amor em qualquer estado de vida». E é maravilhoso constatar que não há amor mais jovem, mais feliz e mais bonito que o dos homens e mulheres que entregaram, por amor, a sua vida inteira a Cristo e ao serviço dos outros, oferecendo a

Deus com alegria a renúncia ao sexo, mediante o celibato voluntário.

Lutar pela castidade

Mas falávamos de autocontrole. Em primeiro lugar, é importante a própria mortificação da gula, de que viemos tratando tanto nestas páginas. A mortificação no comer e no beber ajuda-nos, mais do que imaginamos, a manter o equilíbrio da castidade. «Tenho para mim — afirmava Cassiano — que não poderemos jamais reprimir o aguilhão da carne, se antes não conseguirmos refrear os desejos da gula».

Ao mesmo tempo, faz-nos falta cuidar delicadamente da mortificação dos olhos, janelas abertas ao mundo e receptores principais da chuva constante de incentivos eróticos que, infelizmente, há por toda a parte. Quem se estima a si mesmo, diz «não» (não estou disposto a olhar tudo pela rua, nem a comprar revistas pornográficas, nem a fuçar em programas noturnos na TV, nem a alugar fitas eróticas, nem a pesquisar no lixo sexual da Internet); e diz «não» — insisto, repito —

porque está decidido a dizer «sim» a um ideal de amor muito maior do que o mero prazer carnal que faz o homem descer abaixo do nível do cão, do rato, da girafa e do morcego, bichos muito estimáveis, mas que não têm a nossa vocação de eternidade (e que, diga-se de passagem, são infinitamente mais «castos» do que os homens, pois ordinariamente só se acasalam em certas épocas do ano, e exclusivamente para procriar).

Queremos outras armas para alcançar o autodomínio? Vou enumerá-las glosando brevemente outras palavras de São Josemaria. «A "valentia" de ser *covarde*, para fugir das ocasiões». Na maior parte dos casos, este é o grande segredo, para não ter que repetir, de modo enfadonho, aquela cantiga de que «a carne é fraca, não consigo me segurar». Fugir das «ocasiões» é evitar os lugares (um apartamento vazio, certas boates e danceterias), as situações (um carro estacionado em lugar escuro) e as pessoas que facilmente nos podem arrastar para a simples explosão genital (pense também em certos *reveillons* e carnavais comemorados em hotéis ou clubes, em que a promiscuidade de rapazes e moças — envolta num festival de álcool, drogas e dança quase orgiástica — é convite quase inevitável para cair nos maiores abusos sexuais).

Depois, «a guarda atenta dos sentidos». Já falamos da vista; poderíamos recordar a importância de guardar também o ouvido, pequeno bueiro onde são despejadas diariamente mil gracinhas sujas; e o tato, para não cair em familiaridades e manifestações de afeto pegajosas, bastante «suspeitas», especialmente com pessoas do outro sexo, que muita vez equivalem (desculpe-me a crueza) a catar sorrateiramente miseráveis migalhas de sexo, enquanto se finge ser amável e cordial; e ainda o controle, importantíssimo, dos chamados «sentidos internos», a imaginação e a memória.

Reconheçamos que noventa por cento dos desvarios sexuais procedem do descontrole destes dois sentidos internos. Deixar a imaginação à solta — alimentada muitas vezes pelas recordações de pecados cometidos, de conversas, de filmes, de leituras, de imagens visuais procuradas — é a mesma coisa que escancarar as janelas da alma a uma série de tentações, constantes e progressivas, que entram como uma revoada de cupins; é a mesma coisa que acender um caldeirão de aprendiz de bruxo, de onde podem sair todas as torpezas, abusos e anomalias; é alimentar uma veia psicótica, que pode vir a tornar-se doença mental (transtorno obsessivo-compulsivo, por exemplo). Quem é dono da imaginação, tem noventa por cento ganho para ser dono e senhor dos seus impulsos sexuais e dos seus sentimentos. Este autodomínio do pensamento é a chamada «mortificação interior», tão — ou mais — importante para o senhorio da vontade como a «mortificação dos sentidos».

E, finalmente, temos de mencionar de novo a importância primordial dos meios espirituais, que exigem concretização de propósitos e esforço perseverante: «A frequência dos Sacramentos — aconselha ainda São Josemaria Escrivá — de modo particular a Confissão sacramental; a sinceridade plena na direção espiritual pessoal; a dor, a contrição, a reparação depois das faltas, e tudo ungido com uma terna devoção a Nossa Senhora, para que Ela nos obtenha de Deus o dom de uma vida santa e limpa».

Este último pensamento — devoção a Nossa Senhora — não é uma simples pincelada piedosa. É sabedoria e experiência milenar dos bons cristãos. Todo aquele que deseja adquirir ou melhorar a virtude da castidade, além de tudo o que anteriormente lembramos, nada melhor pode fazer do que colocar-se, com inteira confiança, nas mãos puríssimas da Virgem Santíssima. Posso dar aqui, com absoluta veracidade, o testemunho de experiências conhecidas através de longos anos de trabalho sacerdotal. Muitas vezes (não só algumas, mas muitas e muitas vezes) tenho visto a alegria com que jovens e menos jovens, que se consideravam incapazes de vencer a batalha da castidade, me diziam: «É impressionante! Segui o conselho que me deu, de invocar Nossa Senhora na hora da tentação — "Mãe puríssima, rogai por mim!", "Mãe castíssima, rogai por mim!" — e consegui vencer facilmente e ficar com uma paz que antes não conhecia».

— Boa ideia! Vou procurar fazer assim! — exclama o leitor, que, embora mudo nestes últimos parágrafos, não deixa de me acompanhar.

Só me ocorre dizer-lhe: — Agradeçamos, você, e eu e todos, o amor maternal que Maria nos dedica. «Aproveitemo-nos» dele, não nos esqueçamos de que Maria sempre nos acompanha com «esses seus olhos misericordiosos», e enchamos o coração de segurança. Com ela, por intercessão dela, obteremos de Jesus que a água suja do nosso pobre coração sensual se converta no vinho casto e limpo das bodas de Caná. Não perca de vista que «nunca se ouviu dizer» — como reza a oração do «Lembrai-vos» — que Maria desamparasse os que a ela recorrem. A propósito disto, talvez você já tenha lido o belo comentário sobre a confiança em Nossa Senhora, que Guimarães Rosa põe na boca de Riobaldo, o protagonista de *Grande sertão: veredas*. Vale a pena transcrevê-lo:

> O perfume do nome da Virgem — diz — perdura muito: às vezes, dá saldos para uma vida inteira.

— Que bonito!
— Eu também acho! E confesso que essas coisas «tocam» fundo o coração... Mas não é hora de alongar-se com impressões e sentimentos pessoais...
— Quer dizer que é hora de terminar...
— Exatamente, amigo leitor, que teve a paciência de me acompanhar até aqui. Agora

que chegamos ao termo da nossa reflexão e precisamos pôr-lhe o ponto final, confidencio-lhe que gostaria mesmo de encerrar este livrinho (em que tivemos de comentar tantos desvios, tantos abusos e tantas sujeiras), pedindo a Deus que «o perfume do nome da Virgem» envolva e fortaleça o coração e a conduta de todos os que, por terem lido estas páginas, sentiram nascer na alma desejos de comportar-se tal como São Paulo pedia a Tito: *renunciando às paixões mundanas, e vivendo neste mundo com toda a temperança, autodomínio, justiça e piedade* (Tit 2, 12).

Direção geral
Renata Ferlin Sugai

Direção editorial
Hugo Langone

Produção editorial
Juliana Amato
Gabriela Haeitmann
Ronaldo Vasconcelos
Roberto Martins

Capa
Provazi Design

Diagramação
Sérgio Ramalho

Impressão
Plena Print

ESTE LIVRO ACABOU DE SE IMPRIMIR
A 25 DE FEVEREIRO DE 2025,
EM PAPEL OFFSET 75 g/m².